-Десет заповеди-

Божият закон

Д-р Джейрок Лий

*„Ако Ме обичате,
ще пазите Моите заповеди."*

(Йоан 14:15)

Божият закон от д-р Джейрок Лий

Издадена от Юрим букс (Представител: Seongnam Vin)
73, Шиндейбанг-донг 22, Донгджак-гу, Сеул Ю. Корея
www.urimbooks.com

Всички права запазени. Тази книга или части от нея не могат да бъдат възпроизвеждани в никаква форма, не могат да бъдат записвани във възпроизвеждаща система или предавани чрез електронни, механични, копирни или други видове средства без предварително писмено разрешение на издателя.

Освен ако не е изрично упоменато, всички цитати от Библията са взети от ревизираното издание на БИБЛИЯТА НА СЪВРЕМЕНЕН БЪЛГАРСКИ ЕЗИК на издателство „Верен," © 2000, 2001, използвани с разрешение.

Запазени права © 2020 от Д-р Джейрок Лий
ISBN: 979-11-263-0527-8 03230
Запазени права за превод © 2012 от Д-р Естер К. Чанг. Използван с разрешение.

Първо издание – януари 2020 г.

Предишно издание на корейски език от Юрим букс, 2007 г.

Редакция Д-р Джюмсан Вин
Дизайн – Издателска къща Юрим букс
Печатна фирма Prione
За повече информация: urimbook@hotmail.com

Предговор

По време на службите ми, получавам многобройни запитвания като: „Къде е Бог?"; „Покажете ми Бог" или „Как мога да срещна Бога?" Хората задават подобни въпроси, защото не знаят как да срещнат Бога, но това е много по-лесно, отколкото си представяме. Достатъчно е да учим и да спазваме Неговия закон. Много хора знаят това на теория, но на практика не спазват заповедите, защото не разбират истинското им духовно значение, което произтича от голямата любов на Бога.

Така, както човек се нуждае от правилно възпитание, за да е готов да се изправи пред обществото, Божието дете също се нуждае от правилно възпитание, за да се подготви за небето. Тук влиза в сила Божият закон. Всяко ново дете на Бога трябва да учи Неговия закон или Десетте заповеди и да ги спазва в своя християнски живот. Божият закон се състои от заповеди, които Бог постановил за нас като средство да се доближим и да стоим до Него. С други думи, изучаването на *Божия закон* е нашето средство да срещнем Бога.

Около 1446 г. преди Христос, малко след като израелтяните напуснали Египет, Бог искал да ги поведе към страната, където текли мляко и мед, известна също като Ханаанската земя. За тази цел, израелтяните трябвало да разберат каква е Божията воля и какво в действителност означавало да бъдат Божии деца. Ето защо Бог записал с любов заповедите, в които представял накратко всички закони на две каменни плочи (Изход 24:12) и ги дал на Моисей, за да научи израелтяните как да стигнат на указаното от Господ място, като спазват своите задължения на Божии деца.

Преди около тридесет години, след като срещнах живия Бог, аз се запознах и спазвах Неговите закони докато посещавах църква и пробвах всички лекарства, които можех да намеря. Първо отказах цигарите и алкохола, след това научих за спазването на свещения Сабат, за редовното отдаване на десятъци, молитвите и т.н. В един малък бележник започнах да си записвам всички пороци, които не бях способен да отхвърля веднага. След това се молих и постих и търсих помощта на Бога, за да ми помогне с Неговите заповеди. Благословията, която получих в резултат на това, беше изключителна!

Първо, Бог благослови семейството ми физически и никой от нас повече не боледува. След това ми даде толкова много финансови благословии, че бяхме в състояние да помогнем на хората в нужда. На трето място, Той ме дари с толкова много духовни благословии, че днес съм способен да провеждам глобално духовенство за световния евангелизъм и международните мисии.

Вие не само ще преуспявате във всички области на

живота, ако научите и спазвате Божиите заповеди, но ще изпитате слава, блестяща като слънцето, когато влезете в Неговото вечно царство.

Книгата Божият закон е сборник на всички проповеди за словото Му и вдъхновението за „Десетте заповеди", което получих докато постих и се молих след започване на моето духовенство. Много вярващи чрез тези проповеди разбраха Божията любов, започнаха да изпълняват Неговите заповеди и да преуспяват духовно и във всички области на живота си. Освен това, многобройни вярващи получиха отговор на молитвите си и най-важното, те всички започнаха да изпитат голяма надежда за небето.

Ето защо Ви гарантирам, че ще получите невероятни благословии от Бога ако разберете духовното значение на Десетте заповеди, които са представени в тази книга, голямата любов на Бога, който ги записал и решите да ги спазвате. Второзаконие 28:1-2 гласи, че винаги ще бъдете благословени: „Ако слушаш добре гласа на Господа, твоя Бог, и старателно изпълняваш всички Негови заповеди, които днес ти заповядвам, тогава Господ, твоят Бог, ще те издигне над всички племена на света. И всички тези благословения ще дойдат върху теб и ще те придружават, ако слушаш гласа на Господа, твоя Бог."

Искам да благодаря на Джюмсан Вайн, директор на Издателската къща Юрим букс и нейния персонал за безкрайната им всеотдайност и безценен принос в издаването на тази книга. Моля се също в името на Господ всички хора, които четат Божия закон, да го разберат лесно и да спазват Десетте заповеди, за да станат по-обичани и по-благословени деца на Бога!

Джейрок Лий

Въведение

Благодарим на Бащата Бог, че ни позволи да съставим сборник на Десетте заповеди, който отразява Божието сърце и воля в настоящата книга *Божият закон*.

Първо, „Божията любов, съдържаща се в Десетте заповеди" предоставя на читателя необходимата обща информация за Десетте заповеди. Главата отговаря на въпроса: „Какво представляват в действителност Десетте заповеди?" и ни обяснява, че Бог ни дал Десетте заповеди, защото ни обича и иска да ни благослови. Ето защо, ще получим всички благословии, които Той е съхранил за нас, когато спазваме всяка заповед със силата на любовта Му.

В „Първата заповед" научаваме, че човек лесно може да спазва Неговите заповеди ако обича Бога. Тази глава разглежда също въпроса защо Бог на първо място ни заповядва да нямаме други Богове освен Него.

„Втората заповед" изтъква значението никога да не почитаме идоли или в духовен смисъл – да няма нищо, което да обичаме повече от Бога. Тук научаваме също за духовните последствия, когато почитаме фалшиви идоли и за различните благословии и проклятия, които след това ни сполетяват в живота.

Главата за „Третата заповед" обяснява какво означава да споменаваме напразно Божието име и какво трябва да прави човек, за да избягва това.

В „Четвъртата заповед" научаваме за истинското значение на „Сабат" и защо Свещеният ден се променил от събота в неделя със замяната на Стария завет от Новия завет. Тази глава обяснява конкретно трите начина за спазване на Свещения ден. В главата се описват също изключенията, в които тази заповед може да не се спазва, когато работата и бизнесът в Събота са разрешени.

„Петата заповед" обяснява подробно как човек трябва

да почита родителите си според Бога. Научаваме също какво означава да почитаме Господ, кой е Бащата на нашите духове и какви видове благословии получаваме, когато уважаваме Бога и нашите физически родители в Неговата истина.

Главата за „Шестата заповед" се състои от две части: първата част разглежда греха от извършването на физическо убийство, а втората част представлява духовно обяснение на прегрешението да извършим убийство в сърцето си, за което много вярващи са виновни, но рядко осъзнават, че са съгрешили.

„Седмата заповед" разглежда греха за физическото извършване на изневяра и греха за извършването на изневяра в сърцето или с разума, който в действителност е по-страшен от двата гряха. Главата обяснява също духовното значение на прегрешението и процеса на молитва и пости, с който можем да отхвърлим този грях с помощта на Светия дух и Божията милост и сила.

„Осмата заповед" представя физическото и духовно

определение на кражбата. Тази глава обяснява подробно какво прегрешение представлява кражбата от Бога като не отдаваме десятъците и даренията или като не спазваме Божието слово.

„Деветата заповед" разглежда трите различни начини за даване на лъжливи показания или лъжа. Главата подчертава също как можем вместо това да изкореним корена на измамата от сърцето си с истината.

„Десетата заповед" разглежда случаите, когато съгрешаваме от завист към съседа си. Научаваме също, че истинската благословия означава душата ни да просперира, защото тогава получаваме благословиите да успяваме във всичко в живота си.

Накрая, в последната глава „Законът да издържим с Бог", докато проследяваме духовенството на Исус Христос, който изпълнил Закона с любов, научаваме, че трябва да притежаваме любов, за да изпълним Божието слово. Научаваме също за този вид любов, който преминава границите на правосъдието.

Надявам се настоящата книга да помогне на Вас, читателите, да разберете добре духовното значение на Десетте заповеди. Нека с тяхното спазване винаги да се радвате на светлото присъствие на Бога. Моля се също в името на нашия Господ като изпълнявате Неговите закони да стигнете такова духовно равнище, когато се изпълняват молбите Ви и Бог Ви благославя във всички области на живота!

Джюмсан Вайн
Директор на Издателската къща

Съдържание

Предговор
Въведение

Глава 1
Божията любов, съдържаща се в Десетте заповеди   1

Глава 2 : Първата заповед
„Да нямаш други богове освен Мене"   13

Глава 3 : Втората заповед
„Не си прави кумир и не му се кланяй"   29

Глава 4 : Третата заповед
„Не изговаряй напразно името на Господа, твоя Бог"   49

Глава 5 : Четвъртата заповед
„Помни съботния ден, за да го освещаваш"   65

Глава 6 : Петата заповед
„Почитай баща си и майка си"   85

Глава 7 : Шестата заповед
„Не убивай" 99

Глава 8 : Седмата заповед
„Не прелюбодействай" 115

Глава 9 : Осмата заповед
„Не кради" 133

Глава 10 : Деветата заповед
„Не свидетелствай лъжливо против ближния си" 149

Глава 11 : Десетата заповед
„Не пожелавай къщата на ближния си" 163

Глава 12
„Законът да издържим с Бог" 177

Глава 1

Божията любов, съдържаща се в Десетте заповеди

Изход 20:5-6

„Да не им се кланяш, нито да им служиш, защото Аз, Господ, твоят Бог, съм Бог ревнив, Който въздавам беззаконието на бащите върху децата до третото и четвъртото поколение на онези, които Ме мразят, а показвам милости към хиляда поколения на онези, които Ме обичат и пазят Моите заповеди."

Преди четири хиляди години, Бог избрал Авраам за баща на вярата. Благословил го и се споразумял с него като му обещал потомци „многобройни като звездите на небето и пясъка на морския бряг."

В Неговото време, Бог създал внимателно израелската нация чрез дванадесетте сина на Яков, внука на Авраам. С Божията подкрепа Яков и синовете му се преместили в Египет, за да избягат от глада и там живели в продължение на 400 години. Всичко това било част от Божия любящ план, за да ги закриля от нашествието на нееврейските народи докато се разрастнат в по-голяма и по-силна нация.

Семейството на Яков се увеличило от седемдесет човека, когато за първи път се преместили в Египет, в достатъчно голям брой хора, за да формират нация. С нейното засилване Бог избрал човек на име Моисей, който да стане водач на израелтяните и ги повел към Обещаната Ханаанска земя, където текли мляко и мед.

Десетте заповеди представлявали любящите заръки, които Господ отправил към израелтяните докато ги водил към Обещаната земя.

Израелтяните трябвало да отговарят на две условия, за да влязат на Ханаанската земя: да вярват в Бога и да Му се подчиняват. Въпреки това, не би било възможно да разберат правилно какво означавало да вярват и да бъдат покорни без установен критерий за вярата и подчинението. Ето защо Бог им дал Десетте заповеди чрез техния водач Моисей.

Десетте заповеди представляват списък от правила, които да следва човечеството, но Бог не принуждавал хората деспотично да ги спазват. Само след като им показал и ги накарал да изпитат Неговата чудодейна сила, като изпратил десетте чуми в Египет, разделил Червено море, превърнал горчивата вода в сладка в Мера, нахранил израелтяните с манна и яребици, Той им дал да спазват Десетте заповеди.

Най-важната информация тук е, че Божието слово, включително Десетте заповеди, били предназначени не само за израелтяните, но и за всички онези, които вярват в Него в днешно време като начин за получаване на Неговата любов и благословии.

Сърцето на Бога, който дал заповедите

Родителите учат на многобройни правила децата си, когато ги възпитават; например: „Трябва да си измиеш ръцете, след като си играл навън", „Винаги се завивай с одеяло, когато спиш" или „Никога не пресичай улицата на червено."

Родителите не бомбардират децата си с всички тези

правила, за да им досаждат. Те ги учат на всичко това, защото ги обичат. Нормално е родителите да желаят да предпазят децата си от болести и опасности, да ги закрилят и да им помагат, за да живеят спокойно през целия си живот. Това е същата причина, поради която Бог ни дал Десетте заповеди на нас – Неговите деца, защото ни обича.

Бог казва в Изход 15:26: *„Ако внимателно слушаш гласа на Господа, своя Бог, и вършиш онова, което Му е угодно, и слушаш заповедите Му, и пазиш всичките Му наредби, няма да те поразя с нито една от болестите, с които поразих египтяните; защото Аз съм Господ, Който те изцелявам."*

Бог казва в Левит 26:3-5: *„Ако постъпвате според наредбите Ми и пазите заповедите Ми и ги изпълнявате, тогава ще ви давам дъждовете на времето им и земята ще дава плодовете си, и полските дървета ще дават плода си. Вършитбата ви ще трае до гроздобер и гроздоберът ще трае до сеитба; и ще ядете хляба си до насита и ще живеете безопасно в земята си."*

Бог ни дал заповедите, за да знаем как да Го срещнем, да получим Неговите благословии, отговорите на молитвите ни и да водим спокоен и щастлив живот.

Друга причина, заради която се нуждаем да спазваме Божиите закони е заради справедливите закони на духовния свят. Така, както всеки народ има свои закони, Божието царство има духовни закони, установени от Бога. Въпреки че Бог създал вселената и Той е Създателят, който притежава абсолютен контрол върху живота, смъртта, проклятията и благословиите, Господ не е деспот и Той самият строго спазва тези закони.

Така, както спазваме законите на страната, в която живеем, следва стриктно да спазваме законите на Господ ако сме приели Исус Христос като наш Спасител, ако сме станали деца на Бога и граждани в царството Му.

В 3 Царе 2:3 е записано: *„Пази заръките на Господа, твоя Бог, ходи в пътищата Му и пази наредбите Му, заповедите Му, законите Му и свидетелствата Му, както е писано в Моисеевия закон, за да успяваш във всичко, каквото правиш, и накъдето и да се обръщаш."*

Спазването на Божиите закони означава спазването на Божието слово, включително Десетте заповеди, които са записани в Библията. Ще получите Божията закрила и благословии и ще успявате навсякъде, когато спазвате тези закони.

От друга страна, вражеският Сатана има право да изпраща изкушения и трудности и Господ не може да Ви закриля, когато нарушавате Божиите закони. Нарушаването на Божиите заповеди е грехота и означава да станете роб на врага и на Сатаната, който ще Ви заведе в ада.

Бог иска да ни благослови

Главната причина, заради която Бог ни изпратил Десетте заповеди и ни благословил била, че ни обича. Той иска да изпитаме вечни благословии, както на небето, така и на земята и да преуспяваме във всичко, което правим. Можем само да изпитваме благодарност и радостно да спазваме Неговите заповеди, когато разберем Божията любов.

Децата усърдно се опитват да слушат своите родители, след като осъзнаят колко много са обичани от тях. Дори и да не послушат и да не са дисциплинирани, те знаят, че родителите им действат от любов и казват: „Мамо/Татко, ще се опитам да се справя по-добре следващия път" и с обич се хвърлят в обятията на своите родители. Децата ще изпълняват заръките им, за да ги зарадват, след като пораснат и започнат по-добре да разбират тяхмата любов и загриженост.

Истинската любов на родителите е тази, която им дава сила да се подчиняват. Същото се отнася и за нас, когато спазваме Божиите слова, записани в Библията. Хората правят всичко възможно, за да спазват заповедите, след като разберат за голямата любов на Бога, който изпратил

Своя един и единствен Син, Исус Христос, на този свят, за да умре за нас на кръста.

В действителност, колкото повече вярваме, че този Исус Христос, който е безгрешен, понесъл всякакви гонения и умрял на кръста за греховете ни, толкова повече ще се радваме, когато спаваме Неговите заповеди.

Благословиите, които получаваме, когато спазваме Неговите заповеди

Праотците на вярата, които спазвали всяко Божие слово и живели праведно според Неговите заповеди, получили големи благословии и възхвалявали от все сърце Бащата Бог. В днешно време, те ни осветяват с вечната светлина на истината, която никога не изгаря.

Авраам, Данаил и апостол Павел са някои от тези бащи на вярата и дори и днес, има хора на вярата, които правят като тях.

Например, шестнадесетият президент на САЩ, Ейбрахам Линкълн ходил на училище само в продължение на девет месеца, но заради похвалния му характер и добродетелите, той е обичан и уважаван от много хора в днешно време. Майката на Ейбрахам, Нанси Хенкс Ликълн, починала, когато Линкълн бил на девет години, но докато била жива, тя го учила да запомни кратки цитати от Библията и да спазва Божиите заповеди.

Малко преди смъртта си, тя го повикала и му казала последната си заръка: „Искам да обичаш Бога и да спазваш Неговите заповеди." Шестте книги на Библията винаги били до него, докато Ейбрахам Линкълн съзрял, станал известен политик и променил историята с движението си за отмяна на робството. Бог винаги представя доказателства за любовта Си на хората като Линкълн, които стоят близо до Бога и спазват словото Му.

Малко след като основах църквата, посетих една двойка, които бяха женени от много години, но не можеха да имат деца. С ръководството на Светия дух, изпълних служба и благослових двойката. Тогава поисках нещо от тях. Помолих ги да спазват свят Съботния ден като възхваляват Бога всяка Неделя, плащат десятъци и спазват Десетте заповеди.

Двойката с млада вяра започна да посещава служба всяка Неделя и да плаща десятъци, съгласно Божиите заповеди. В резултат на това, те получиха благословията да заченат и им се родиха здрави деца. Освен това получиха и големи финансови благословии. Съпругът понастоящем работи като старши пастор в църквата и цялото семейство оказва голяма помощ на бедните и на евангелизацията.

Спазването на Божиите заповеди е подобно на светеща

лампа в тъмния мрак. Не трябва да се притесняваме, че ще се препънем в тъмното, когато имаме светлина. По същия начин, Бог ни закриля във всички обстоятелства и ние се радваме на благословиите и властта, които са запазени за Божиите деца, когато Бог, който е светлина, е с нас.

Ключът към получаване на всичко, което искате

1 Йоаново 3:21-22 гласи: *"Възлюбени, ако нашето сърце не ни осъжда, имаме дръзновение спрямо Бога; и каквото и да поискаме, получаваме от Него, защото пазим заповедите Му и вършим това, което е угодно пред Него."*

Не е ли прекрасно да знаем, че единственото условие да искаме смело от Него, каквото си пожелаем и Той да ни отговори е просто да спазваме заповедите, записани в Библията и да правим това, което Го удовлетворява? Колко ли е щастлив Бог, когато вижда Своите послушни деца с огнения Си поглед и може да отговори на всичките им молитви съгласно законите на духовния свят!

Ето защо Десетте Божии заповеди са като книга на любовта, която ни показва най-добрия начин да получим Божиите благословии докато се развиваме на земята. Заповедите ни учат как да избегнем бедствия или нещастия и как да получим благословии.

Бог не ни е дал заповедите, за да накаже онези, които не Го слушат, а за да се радваме на вечните благословии в Неговото красиво царство на небето като ги спазваме (1 Тимотей 2:4). Ще получите още повече от любовта Му, когато почувствате и разберете Божието сърце и живеете според Неговите заповеди.

Освен това, ще получите всички благословии, които искате от Него, когато изучавате заповедите по-задълбочено и стриктно ги спазвате със силата, с която Бог Ви дарява с обич.

Глава 2

Първата заповед

„Да нямаш други богове освен Мене"

Изход 20:1-3

Тогава Бог изговорил всички тези думи:
„Аз съм Йехова, твоят Бог, Който те изведох от Египетската земя, от дома на робството. Да нямаш други богове освен Мене."

Да бъдат заедно е достатъчно, за да бъдат щастливи двама души, които се обичат. Те не изпитват студ, когато са заедно през зимата и правят всичко, което другият казва, независимо от трудността на задачата, за да го направят щастлив. Дори и да се наложи да пожертва себе си, заради другия, те са доволни, че могат да направят нещо за него и са щастливи, когато виждат радостта на лицето на другия.

Подобно е и с нашата любов към Бога. Спазването на Неговите заповеди не е трудно, а ни носи радост ако Го обичаме истински.

Десетте заповеди, които Божиите деца трябва да спазват

Някои вярващи в днешно време казват: „Как можем да спазваме всички Десет заповеди на Бога?" В действителност те твърдят, че човек не е съвършен и не може да спазва изцяло Десетте заповеди. Способни сме само да се опитаме да спазим всички заповеди.

В 1 Йоаново 5:3 е записано: „*Защото това е любов към Бога: да пазим Неговите заповеди; а заповедите Му не са тежки.*" Това означава, че спазването на Неговите заповеди е доказателството, че обичаме Бог и те не са толкова трудни, че да не можем да ги изпълним.

По времето на Стария завет, хората трябвало да спазват заповедите със собствената си воля и сила, но сега по времето на Новия завет, всеки, който приеме Исус Христос за свой Спасител, получава Светия дух, който му помага да се подчинява.

Светият дух е едно с Бога и като Божие сърце, има ролята да помага на Божиите деца. Ето защо понякога Светият дух се намесва за нас, утешава ни, ръководи действията ни и ни обсипва с Божията любов, за да можем да се борим с греха, дори и с цената на кръвта ни и да действаме според волята на Господ (Деяния 9:31, 20:28; Римляни 5:5, 8:26).

Когато получим сила от Светия дух, разбираме добре любовта на Бога, който ни дал Своя един и единствен Син и лесно спазваме това, което не е по собствените ни сили и воля. Все още има хора, които твърдят, че е трудно да се спазват Божиите заповеди, дори не се опитват да ги изпълняват и продължават да живеят сред грях, защото не обичат истински Бога от все сърце.

1 Йоаново 1:6 гласи: *„Ако кажем, че имаме общение с Него, а ходим в тъмнината, лъжем и не действаме според истината"* и в 1 Йоаново 2:4 е записано: *„Който казва: Познавам Го, а не пази заповедите Му, е лъжец и истината не е в него."*

Човек не може да съгрешава ако притежава Божието

слово, което е истината и семето на живота и ще бъде ръководен да живее в истината. Ето защо човек в действителност не е изпълнен с истината и лъже пред Бога ако твърди, че вярва в Бога, но не спазва Неговите заповеди.

Коя е първата от всички заповеди, които Божиите деца трябва да спазват, за да докажат, че Го обичат?

„Да нямаш други богове освен Мене"

Обръщението във второ лице, единствено число тук се отнася за Моисей, който пряко получил Десетте заповеди от Бога, израелтяните, които чули заповедите чрез Моисей и всички Божии деца в днешно време, спасени в името на Господ. Защо според Вас първата заповед на Бог към хората е да нямат други богове освен Него?

Самият Бог е истината, един и единствен жив Бог, всемогъщият Създател на вселената. Само Той има пълен контрол над света, историята на човечеството, живота и смъртта и само Той дава на хората истински и вечен живот.

Бог е Единственият, който ни спасил от робството на греха на този свят. Ето защо не трябва да имаме други богове в сърцата си освен единия и единствен Бог.

Много неразумни хора се отдалечават от Бога и прекарват живота си в идолопоклонство. Някои почитат образа на Буда, който дори не може да мигне, някои почитат камъни, някои почитат стари дървета, а някои дори се обръщат към Северния полюс и го възхваляват. Някои хора възхваляват природата и изговарят имената на множество фалшиви богове чрез идолопоклонството на мъртви хора. Всяка раса и всеки народ има свои идоли. Само в Япония казват, че имат толкова много идоли, че почитат осем милиона различни богове.

Защо според Вас хората правят всички тези фалшиви идоли и ги почитат? Търсят начин да се утешат или просто следват древните обичаи на своите предшественици, които са грешни. Обзети са от егоистичното желание да получат повече благословии или повече богатства чрез почитането на множество различни идоли.

Никой друг бог не притежава силата да ни благослови или спаси, освен Създателят Бог.

Доказателства в природата за Създателя Бог

В Римляни 1:20 е записано: *„Понеже от създаването на света това, което е невидимо у Него, вечната Му сила* *и божественост, се вижда ясно, разбираемо чрез творенията; така че човеците остават без извинение.*" Видно е от законите на вселената, че съществува върховният Създател и че има само един Създател Бог.

Когато се вгледаме в човешката раса на тази земя, ще установим, че телата на всички хора имат еднаква структура и функция. Независимо дали един човек е бял или черен, независимо от расата или от произхода му, всички имат две очи, две уши, един нос и една уста, разположени на едни и същи места на лицето. Същото се отнася и за животните.

Слоновете имат дълги хоботи, но забележете, че притежават един дълъг нос и две ноздри. Зайците с дълги уши и свирепите лъвове също имат еднакъв брой очи, уста и уши, разположени на същите места като при хората. Безкрайно голям брой живи организми като животни, риби, птици и дори насекоми – освен специалните характеристики, които ги отличават едни от други – имат същата телесна структура и функция. Това доказва, че има един създател.

Природните феномени също доказват ясно съществуването на Създателя Бог. Един път дневно, земята прави пълна обиколка около оста си, един път годишно, тя прави пълна обиколка около слънцето и един път месечно, луната обикаля и се върти около земята. Благодарение на тези въртения и обиколки, можем да изпитаме множество естествени процеси на периодична основа. Имаме ден и нощ и четири различни сезони. Имаме прилив и отлив и изпитваме атмосферното движение благодарение на топлинните промени.

Местоположението и движението на земята правят тази планета съвършена обител за оцеляване на човечеството и всички други живи организми. Разстоянието между слънцето и земята не би могло да бъде по-малко или по-голямо. Разстоянието между слънцето и земята винаги е било съвършено от началото на времената и въртенето и обиколката на земята около слънцето се провежда от много дълго време без никаква грешка.

Вселената е създадена от Господ и функционира според Божията мъдрост, затова всеки ден се случват множество невъобразими неща, които човек никога не е бил способен напълно да разбере.

След всички тези красноречиви доказателства, никой не може да използва следното извинение в деня на последния съд: „Не вярвах, защото не знаех, че Бог наистина съществува."

Сър Исаак Нютон помолил един опитен механик да изгради сложен модел на слънчевата система и го посетил негов приятел атеист, който видял съставеното творение.

Без много да се замисля, завъртял манивелата и се случило нещо удивително: всички планети на модела започнали да се въртят около слънцето с различна скорост!

Приятелят му не можел да скрие своето изумление и казал изненадано: „Това наистина е отличен модел! Кой го направи?" Как мислите, че отговорил Нютон? Той казал: „О, никой не го направи. Просто се появи случайно."

Приятелят му се чувствал сякаш Нютон се подигравал с него и отговорил: „Какво?! За глупак ли ме вземаш? Как би могло такъв сложен модел да се появи просто така от нищото?"

Нютон отвърнал: „Това е просто един малък модел на истинската слънчева система. Ти настояваш, че дори и този обикновен модел не може да се появи сам, без някой да го е измислил и сътворил. Как тогава ще обясниш на един вярващ, че реалната слънчева система, която е много по-сложна и обширна, възникнала просто така без никой да я създаде?"

Ето какво записал Нютон в своята книга *„За математическите принципи на естествената философия"*, наричана често „Принципите": „Тази прекрасна система, изградена от слънцето, планетите и кометите, може да бъде предшествена единствено от замисъла и властта на интелигентно и мощно същество... Той [Бог] е вечен и безкраен."

Ето защо голям брой учени, които изучават природните закони, са християни. Колкото повече изучават природата и вселената, толкова повече откриват всемогъщата сила на Бога.

Освен това, чрез чудесата и знаменията, които се случват и появяват пред вярващите, с помощта на Божиите служители и работници, които са обичани и признати от Него и чрез цялата история на човечеството, в която се сбъднали пророчествата от Библията, Господ ни представя множество доказателства, за да вярваме в Него, живия Бог.

Хората, които признали Създателя Бог без да чуят евангелието

В историята на човечеството съществували хора с добри сърца, които никога не били слушали евангелието, но признавали единия и единствен Създател Бог и се опитвали да живеят праведно.

Хората с нечисти и объркани сърца почитали множество различни богове, за да се утешават. От друга страна, хората с чисти и праведни сърца почитали и служили само на един Бог, Създателят, въпреки че не Го познавали.

Например, адмирал Сууншин Юи, който живял по време на династията Чосон в Корея, служил през целия си живот на своята страна, на Краля и на народа си. Той почитал своите родители, никога не се опитвал да търси собствената изгода, а се жертвал за другите. Въпреки че не знаел за Бога и за нашия Господ Исус, той не почитал шамани, демони или зли сили, а с праведно съзнание гледал само към небесата и вярвал в единствения създател.

Тези добри хора никога не учили Божието слово, но винаги се опитвали да водят чист и праведен живот. Бог открил и техния път към спасението чрез така наречения „Съд на Съвестта." Това е Божият път за получаване на спасение за онези хора от епохата на Стария завет или хората след времето на Исус Христос, които никога не са имали възможност да чуят евангелието.

В Римляни 2:14-15 е записано: „*(понеже когато езичниците, които нямат закон, по природа вършат това, което се изисква от закона, то и без да имат закон, те сами са закон за себе си, по това, че те показват действието на закона, написано на сърцата им, за което свидетелства и съвестта им, а помислите им или ги осъждат в спор помежду си, или ги оправдават).*"

Хората с добра съвест ще приемат Господ много лесно в сърцата си, когато слушат евангелието. Бог позволил на тези души временно да останат в „Горния гроб" и затова могат да идат на небето.

Духът напуска физическото тяло на човека, когато умре и остава временно на място, наречено „Гроб." Това е преходна обител за адаптация към духовния свят преди да отиде на своето отредено място във вечността. То е разделено на „Горен гроб", където чакат спасените хора и „Долен гроб", където се измъчват неспасените души (Битие 37:35; Йов 7:9; Числа 16:33; Лука 16).

Деяния 4:12 гласи: *„И чрез никой друг няма спасение; защото няма под небето друго име, дадено на човеците, чрез което трябва да се спасим."* Ето защо Исус отишъл в Горния гроб, за да бъде сигурен, че душите имат възможност да чуят евангелието и да го сподели с тях.

Библията подкрепя този факт. В 1 Петрово 3:18-19 е записано: *„Защото и Христос един път пострада за греховете, Праведният за неправедните, за да ни приведе при Бога, като беше умъртвен по плът, но оживотворен по Дух; чрез Когото отиде да проповядва на духовете в тъмницата."* „Добрите" души в Горния гроб признали Исус, приели евангелието и били спасени.

Ето защо справедливият Бог погледнал дълбоко в

сърцата на хората, които живели с чиста съвест и вярвали в единствения Създател, независимо дали били от епохата на Стария завет или никога не били чували за евангелието или за законите и открил пътя за спасението им.

Защо Бог заповядал на хората Му никога да не почитат други богове освен Него

Понякога невярващите казват: „Християнството изисква хората да вярват само в Бога. Не прави ли това религията прекалено неумолима и изключителна?"

Някои хора наричат себе си вярващи, но разчитат на четенето на ръка, магията, амулетите и талисманите.

Бог изрично ни казва да не съгрешаваме за тези неща: „Да нямаш други Богове освен Мене." Това означава, че никога не трябва да търсим и да почитаме фалшиви идоли или други Божии творения, нито да ги сравняваме с Бога по никакъв начин.

Има само един Създател, който ни сътворил и само Той може да ни благослови и да ни даде живот. Фалшивите богове и идоли, които хората почитат, произлизат от врага-дявол и са враждебни на Бога.

Врагът-дявол се опитва да обърка хората като ги

отдалечава от Бога. Чрез почитането на фалшиви идоли, те възхваляват Сатаната и вървят към собственото си падение.

Ето защо хората, които твърдят, че вярват в Бога, но продължават да идолопоклонстват в сърцата си, все още са под влиянието на врага-дявол. Поради тази причина те продължават да изпитват болка и скръб и страдат от болести, страдания и горести.

Бог е любов и Той не иска хората Му да почитат фалшиви идоли и да вървят към вечната смърт, затова заповядва да нямаме други Богове освен Него. Чрез вярата ни единствено в Бога ще постигнем вечен живот и множество благословии докато живеем на тази земя.

Трябва да получим благословии като разчитаме само на Бога

В 1 Летописи 16:26 е записано: *"Защото всички богове на племената са суетни, а Господ създаде небесата."* Нерешителните хора или дори някои вярващи биха могли несъзнателно да почитат фалшиви идоли и да тръгнат по пътя към вечната смърт ако Господ никога не беше казал: "Да нямаш други Богове освен Мене."

Това е видно от самата история на израелтяните, които

научили за единствения Създател на вселената и изпитали силата Му безкрайно много пъти. Въпреки това, с течение на времето се отдалечили от Бога и започнали да почитат други богове и идоли.

Считали, че идолите на нееврeите изглеждали добре и започнали да ги почитат редом с Бога. В резултат на това, изпитали всякакви видове изкушения, страдания и чуми, които им причинили врагът-дявол и Сатаната. Едва когато повече не могли да понасят болката и страданията, те се покаяли и се завърнали към Бога.

Причината, заради която Бог, който е любов, им простил многократно и ги спасил от бедите им била, че не искал да изпитват вечна смърт заради тяхното идолопоклонство.

Бог непрекъснато ни представя доказателства, че Той е Създателят, живият Бог, за да можем да възхваляваме само Него. Той ни спасил от греха чрез Своя единствен Син, Исус Христос, обещал ни вечен живот и ни дал надеждата да живеем завинаги на небето.

Бог ни помага да знаем и да вярваме, че Той е живият Бог като представя чудеса, знамения и вълшебства чрез Неговите хора и чрез шестдесет и шестте книги на Библията и историята на човечеството.

Впоследствие, трябва предано да почитаме Бога, Създателя на вселената, който контролира всичко в нея. Като Негови деца, трябва да пожънем обилна реколта като разчитаме само на Него.

Глава 3
Втората заповед

„Не си прави кумир и не му се кланяй"

Изход 20:4-6

„Не си прави кумир или каквото и да е изображение на нещо, което е на небето горе, на земята долу или във водата под земята; да не им се кланяш, нито да им служиш, защото Аз, Господ, твоят Бог, съм Бог ревнив, Който въздавам беззаконието на бащите върху децата до третото и четвъртото поколение на онези, които Ме мразят, а показвам милости към хиляда поколения на онези, които Ме обичат и пазят Моите заповеди."

„Господ умря на кръста за мен. Как бих могъл да се отрека от Господ поради страх от смъртта? По-добре да умра десет пъти за Господ, вместо да Го предам и да живея сто или дори хиляда незначителни години. Имам само едно задължение. Моля те, помогни ми да преодолея силата на смъртта, за да не посрамя Господ като пощадя собствения си живот."

Това е изповедта на преподобния Кай-Чол Чю, който бил убит след като отказал да се поклони на японско светилище. Историята му се съдържа в книгата: *Повече от завоеватели: Историята на мъченичеството на преподобния Кай-Чол Чю*. Без да се примирява заради страх пред сабята или оръжията, преподобният Кай-Чол Чю пожертвал живота си, за да спази Божията заповед да не почита други идоли освен Бога.

„Не си прави кумир и не му се кланяй"

Като християни, нашето задължение е да обичаме и да почитаме само Бога. Ето защо Той ни дал първата заповед: „Да нямаш други Богове освен Мене" и втората заповед: „Не си прави кумир и не му се кланяй", за да забрани строго идолопоклонството.

На пръв поглед, може да си помислите, че първите две

заповеди са еднакви, но те са постановени отделно като самостоятелни заповеди, защото имат различно духовно значение. Първата заповед е предупреждение срещу многобожието и ни казва да почитаме и да обичаме само единствения истински Бог.

Втората заповед е урок срещу почитането на фалшиви идоли и също така обяснява благословиите, които получаваме, когато почитаме и обичаме Бога. Нека разгледаме по-подробно значението на думата „идол."

Физическото определение на „Идол"

Думата „идол" може да бъде обяснена по два начина: физически и духовен идол. Първо, във физически смисъл „идол" представлява „образ или материален обект, създаден за почитането на божество, което няма физическа форма."

С други думи, идол може да бъде всичко: дърво, скала, образ на човек, бозайници, насекоми, птици, морски твари, слънцето, луната, звездите на небето или предмет, който човек може да създаде с въображението си от стомана, сребро, злато или нещо друго, което съществува и което може да бъде почитано и възхвалявано.

Идолът, създаден от човека, не притежава живот, затова не може нито да Ви отговори, нито да Ви благослови.

Колко глупаво и смешно би изглеждало ако хората, сътворени по образ на Бога, създават друго изображение със собствените си ръце, възхваляват го и го молят да ги благослови?

В Исая 46:6-7 е записано: „*Онези, които изсипват злато от чувалчето и претеглят сребро с везни, те наемат златар и го правят на бог, пред който падат и се покланят; вдигат го на рамо и го носят, и го поставят на мястото му; и той стои там и от мястото си няма да мръдне; още и човек вика към него, но той не може да отговори, нито да го избави от бедата му.*"

Този стих се отнася не само до създаването на идол и до неговата възхвала, но и до вярата в магии срещу лош късмет или провеждането на пожертвователни ритуали в почит на смъртта. Дори суеверието и практикуването на магьосничество попадат в тази категория. Хората вярват, че заклинанията прогонват нещастията и носят късмет, но това не е така. Проницателните духовно хора могат да видят, че тъмните, зли духове в действителност са привлечени към местата, където има заклинания и идоли и накрая водят до бедствия и нещастия на хората, които ги притежават. Няма друг бог освен живия Господ, който може да даде истински благословии на хората. Другите богове в действителност са източник на беди и проклятия.

Защо тогава хората създават идоли и ги почитат? Хората

имат склонност да търсят собственото задоволяване с неща, които могат реално да видят, да почувстват и да докоснат.

Виждаме тази човешка склонност в израелтяните докато излизали от Египет. Когато се оплакали на Бога за техните болки и мъчения по време на четиристотин годишното робство, Бог посочил Моисей за техен водач на изхода от Египет и им представил всякакви чудеса и знамения, за да повярват в Него.

Бог изпратил десет чуми на Египет, когато Фараонът отказал да освободи израелтяните и разделил на две Червено море, когато блокирало пътя им. Дори и след като изпитали тези чудеса, хората му станали нетърпеливи и създали идол, когото да почитат докато Моисей бил на върха на планината в продължение на четиридесет дни, за да получи Десетте заповеди. Божият служител Моисей не бил пред тях и те искали да създадат нещо, което да виждат и да възхваляват. Направили златно теле и го нарекли богът, който ги завел толкова надалеч. Принасяли му жертви, пиели, хранили се и танцували пред него. Този инцидент станал причина израелтяните да изпитат силния гняв на Бог.

Бог е дух, затова хората не могат да Го видят с физическите си очи или да създадат физическа фигура, която да го представлява. Ето защо никога не трябва да създаваме идол, да го наричаме "бог" и да го почитаме.

Второзаконие 4:23 гласи: *"Внимавайте да не забравяте завета, който Господ, вашият Бог, сключи с вас, да не би да си правите идол, подобие на нещо, което Господ, твоят Бог, ти е забранил."* Възхваляването на някой безжизнен, безпомощен идол вместо на Бога, истинския Създател, причинява повече злини, отколкото добрини на хората.

Примери за идолопоклонство

Вярващите могат да попаднат в капана на идолопоклонството без дори да го осъзнават. Например, някои хора могат да се поклонят пред картина на Исус, пред статуя на Дева Мария или друг предшественик на вярата.

Много хора не считат това за идолопоклонство, но Бог не го харесва. Ето един красноречив пример: много хора наричат Дева Мария „Светата майка", но според Библията това е напълно погрешно.

Исус бил заченат от Светия дух, не от семето и от яйцеклетката на мъжа и жената. Следователно, не можем да наречем Дева Мария „майка." Например, съвременната технология позволява на лекарите да поставят мъжкото семе и женската яйцеклетка във високо-технологична машина за извършване на изкуствено осеменяване. Това не означава, че машината е „майка" на детето, родено чрез техническата процедура.

Исус имал природата на Бащата Бог. Той бил заченат от Светия дух и роден чрез тялото на Дева Мария, за да дойде на този свят с физическо тяло, затова нарекъл Дева Мария „жено", а не „майко" (Йоан 2:4, 19:26). Мария е представена като „майка" на Господ в Библията само защото това била гледната точка на учениците, които я записали.

Малко преди смъртта Си, Исус казал на Йоан за Мария: „Ето твоята майка!" и го помолил да се грижи за нея като за собствената си майка (Йоан 19:27). Той разбирал скръбта в сърцето й и отправил подобна молба, за да я утеши. Тя се грижила за Него от момента на Неговото зачеване от Светия дух до момента, в който съзрял напълно с Божията сила и станал независим от нея.

Въпреки това, не е правилно да се прекланяме пред статуя на Дева Мария.

Преди няколко години докато бях на посещение в Средния изток, един влиятелен човек ме покани в дома си и по време на разговора ми показа интересен килим. Това беше ръчно изработена, безценна творба, чието изготвяне беше отнело дълго време. На него беше изобразен черен

Исус. Този пример показва, че дори образът на Исус е неточен, в зависимост от артиста или скулптора. Следователно, бихме извършили идолопоклонство ако се поклоним или се молим пред този образ и това е непростимо.

Какво се счита за „Идол" и какво не?

Някои хора от време на време преувеличават и твърдят, че „кръстовете" в църквите също са вид идол. Въпреки това, кръстът не е идол, той е символ на евангелието, в което вярват християните. Причината, заради която вярващите гледат към кръста е да си спомнят за святата кръв на Исус, пролята за греховете на човечеството и за милосърдието на Бога, който ни дал евангелието. Кръстът не може да бъде обект на почитание или идол.

Същото се отнася за картините, в които Исус държи агне, за *Тайната вечеря* или скулптури, в които артистът просто е искал да изложи идеите си.

Картината, в която Исус държи агне показва, че Той е добър пастир. Художникът не създал тази картина, за да бъде обект на възхвала, но тя се превръща в идол ако някой се прекланя пред нея, за да я почита или възхвалява.

Хората понякога казват: „Моисей направил идол по

времето на Стария завет." Те имат предвид случая, когато израелтяните се оплаквали от Бога и били нахапани от отровни змии в пустинята. Много хора починали след ухапването от отровните змии и Моисей направил бронзова змия, която издигнал на пръчка. Хората, които спазвали Божието слово и погледнали бронзовата змия, били спасени, а другите загинали.

Бог не казал на Моисей да направи бронзовата змия, за да я почитат хората. Той искал да представи на хората илюстрация на Исус Христос, който един ден щял да дойде да ги спаси от проклятието, в което се намирали, съгласно духовните закони.

Хората, които се подчинявали на Бога и погледнали бронзовата змия не загинали заради греховете си. Подобно на тях, онези души, които вярват, че Исус Христос загинал на кръста за греховете им и Го приемат за свой Спасител и Господ, няма да умрат заради греховете си, а ще водят вечен живот.

4 Царе 18:4 разказва за шестнадесетия цар на Юда, Езекия, който разрушил всички идоли в Израел: *„Събори високите места, изпочупи кумирите, изсече ашерите и унищожи медната змия, която Моисей беше направил, защото дори до онова време израелтяните й кадеха; и я нарече Нехущан."* Това още веднъж напомня на хората, че

бронзовата змия била създадена, както Бог заповядал, но никога не трябвало да става обект на идолопоклонство, защото това не било изобщо Божието намерение.

Духовното значение на „Идол"

Освен физическия смисъл на думата „идол", трябва да разберем и нейното духовно значение. Духовното значение на „идолопоклонството" е „всичко, което човек обича повече от Бога." Идолопоклонството не се ограничава само до преклонението пред образа на Буда или на починалите предшественици.

В духовен смисъл превръщаме нашите родители, съпрузи, съпруги или дори децата ни в „идоли", ако егоистично обичаме тях повече, отколкото Бога и превръщаме в идоли нас самите ако ценим много себе си и сме себични.

Разбира се, това не означава, че трябва да обичаме само Бога и никой друг. Бог казва на децата си, че е тяхно задължение да обичат своите родители в истината и им заповядва: „Почитай баща си и майка си." Въпреки това, ако обичта към нашите родители ни отклонява от истината, тогава ги обичаме повече от Бога и сме ги превърнали в „идоли".

Бог е Бащата на нашия дух, въпреки че нашите родители са заченали физическото ни тяло, защото Бог е създал семето и яйцеклетката или семената на живота. Представете си, че родителите, които не са християни, забранят на детето си да ходи в неделя на църква. Детето, което е християнин, обича тях повече от Бога ако не отива на църква, за да ги задоволи. Това не само натъжава Божието сърце, но и означава, че детето не обича истински своите родители.

Ако Вие истински обичате някого, ще искате да бъде спасен и да постигне вечен живот. Това е истинската любов. Ето защо на първо място, трябва да спазвате свят Божия ден, след това да се молите за своите родители и да споделяте евангелието с тях винаги, когато е възможно.

Валидно е и обратното. Първо трябва да обичате Бога и след това децата си в Божията любов ако сте родители и истински обичате децата си. Независимо колко скъпи за Вас са децата Ви, не може да ги предпазите от врага-дявол и от Сатаната с Вашите ограничени човешки сили. Не може да ги защитите от внезапни произшествия, нито да ги излекувате от заболявания, непознати за съвременната медицина.

Бог ще закриля децата на хората, които почитат Бога, поверяват Му ги и ги обичат в Божията любов. Той не само ще им даде духовна и физическа сила, но и ще ги благослови, за да преуспяват във всички области на живота.

Същият е случаят със съпружеската любов. Двама души, които не познават истинската любов на Бога, ще бъдат способни да се обичат взаимно с физическа любов. Те ще търсят собствената изгода в определени моменти и ще спорят помежду си. Ето защо, с течение на времето дори е възможно любовта да се промени.

Въпреки това, двама души ще изпитват и духовна обич един към друг, когато се обичат взаимно в Божията любов. В този случай няма да се ядосват, да се обиждат взаимно или да се опитват да задоволят собствените си егоистични желания. Вместо това, ще споделят неизменна, истинска и красива любов.

Да обичаш нещо или някого повече от Бога

Може да обичаме другите с истинска любов само когато живеем в Божията любов и обичаме на първо място Бащата Бог. Ето защо Бог ни казва да обичаме най-много Него и да нямаме други богове. Вие тълкувате напълно погрешно духовното значение на Неговата заповед ако чуете това и твърдите: „Отидох на църква и ми казаха да обичам само Бога, а не семейството си."

Вие идолопоклонствате в духовен смисъл и се отдалечавате от истината ако сте вярващи и нарушавате Божиите заповеди или се примирявате със света, за да постигнете материално богатство, слава, знания или сила.

Някои хора не спазват свят Божия ден или не плащат редовно десятъци, защото обичат богатството повече от Бога, въпреки че Бог обещава да благослови онези, които плащат своите десятъци.

Често срещано явление е тийнеджърите да окачват плакати на стените в стаята си на своите любими певци, актьори, спортисти или музиканти, да използват техни снимки за отбелязване на страниците в книгите или дори да ги носят със себе си в джоба или в портфейла, за да бъдат любимите им звезди близо до сърцата им. Понякога тези тийнеджъри обичат повече своите идоли, отколкото Бога.

Разбира се, Вие може да обичате и да уважавате актьорите, актрисите, спортистите и т.н., които са много добри в това, което правят, но Бог няма да е доволен ако Вие обичате и милеете за нещата от света до такава степен, че се отдалечавате от Него. Малките деца, които отдават сърцата си на определени играчки или видео игри, също могат да ги превърнат в „идоли."

Божията ревност от любов

След като издава строга заповед за идолопоклонството, Бог ни казва за благословиите на хората, които Му се подчиняват и предупреждава онези, които не Го слушат.

„Да не им се кланяш, нито да им служиш, защото Аз, Господ, твоят Бог, съм Бог ревнив, Който въздавам беззаконието на бащите върху децата до третото и четвъртото поколение на онези, които Ме мразят, а показвам милости към хиляда поколения на онези, които Ме обичат и пазят Моите заповеди" (Изход 20:5-6).

Бог няма предвид, че е „ревнив" по същия начин като хората, когато казва, че е „ревнив" в пети стих, защото в действителност ревността не е присъща на Божия характер. В този случай Бог използва думата „ревност", за да можем по-добре да Го разберем с нашите човешки чувства. Ревността, която изпитват хората е физическа, погрешна, нечиста и тя наранява всички замесени.

Например, съпругата ще изпита невероятна промяна и ревност ако любовта на съпруга ѝ се насочи към друга жена. Ще се изпълни с гняв и омраза, ще спори с мъжа си, ще съобщи за похожденията му на всичките си познати, за да се почувства унижен. Възможно е да посети любовницата и да спори с нея или да съди мъжа си. Съпругата изпитва ревност не от любов, а от омраза, когато желае лошото на мъжа си.

Ако жената наистина обича мъжа си с духовна любов, вместо да изпитва ревността на плътта, тя ще се вгледа в себе си и ще се запита: „Праведна ли съм пред Бога? Наистина ли обичам мъжа си и му служа?" Вместо да унижава съпруга си като разказва за неговите недостатъци на всичките си познати, тя трябва да се помоли на Бог, за да получи мъдрост и да разбере какво да направи, за да й бъде верен.

Какъв вид ревност изпитва Бог? Бог отвръща от нас лицето си, когато не Го почитаме и не живеем в истината и тогава сме подложени на изпитания, нещастия и болести. В този случай вярващите ще се покаят и ще се опитат отново да потърсят Бога, защото знаят че болестта идва от греха (Йоан 5:14).

Като пастор, понякога срещам членове на църквата с подобен проблем. Например, един църковен член може да е успешен бизнесмен с процъфтяващ бизнес. С извинението, че е все по-зает, той се отпуска, престава да се моли и да върши Божието дело и стига дори до там, че пропуска неделните служби.

В резултат на това, Бог отвръща лицето Си от него и

бизнесът, който някога процъфтявал, фалира. Едва тогава той осъзнава грешката си, че не живее според Божиите заповеди и се разкайва. Бог предпочита Неговите любими деца да бъдат изправени пред трудна ситуация за известно време, да разберат волята Му, да бъдат спасени и да тръгнат в правия път, вместо да пропаднат завинаги.

Нямаше да осъзнаем прегрешенията си, сърцата ни щяха да бъдат коравосърдечни, щяхме да съгрешаваме непрекъснато и накрая щяхме да поемем пътя към вечната смърт, ако Бог не изпитваше подобна ревност от любов и вместо това безразлично наблюдаваше грешките ни. Ето защо ревността на Бог произлиза от истинската любов. Тя е израз на Неговата голяма обич и желанието да ни обнови и да ни води към вечен живот.

Благословиите и проклятията, които следват от спазването и неспазването на втората заповед

Бог е нашият Създател и Баща, който пожертвал Своя един и единствен Син за спасението на човечеството. Той ръководи живота на всички хора и иска да благослови онези, които Го почитат.

Да почитаме и да възхваляваме фалшиви идоли вместо този Господ означава да Го мразим, а хората, които мразят

Бог, получават Неговата отплата, както е записано, че децата ще бъдат наказани за греховете на техните родители до третото и четвъртото поколение (Изход 20:5).

Лесно ще видим ако се огледаме около нас, че поколенията, които почитали фалшиви идоли, все още получават отплата. Хората от тези семейства вероятно страдат от злокачествени и или нелечими болести, деформации, умствено изоставане, обземане от демони, самоубийство, финансови затруднения или всякакви видове други изпитания. Фамилията ще бъде напълно разорена и непоправима ако тези нещастия продължават до четвъртото поколение.

Защо според Вас Бог казал, че ще накаже „до третото и четвъртото поколение" вместо „до четвъртото поколение"? Това показва Божието състрадание. Той оставя място за спасение на онези потомци, които се покаят и търсят Господ, дори и техните праотци да са идолопоклонствали и да са били враждебно настроени към Бога. Тези хора дават на Бог причина да спре наказанието на рода.

Хората, чиито предшественици са мразили Бога, почитали са фалшиви идоли и са натрупвали грехове, ще срещнат затруднения, когато се опитат да приемат Господ. Дори и да Го приемат, те сякаш са свързани със своите праотци с духовно въже и ще имат множество затруднения докато постигнат духовна победа през своя духовен живот. Врагът-дявол и Сатаната ще се намесва по всякакъв начин, за да възпрепятства вярата им и да ги повлече с него във вечната тъмнина.

При все това, Бог ще ги закриля несъмнено ако потомците се покаят със смирени сърца за греховете на своите праотци и се опитат да отхвърлят греховната си същност докато търсят Божията милост. Бог благославя семействата до хилядното поколение и им позволява да получат завинаги милосърдието Му когато хората обичат Бога и спазват Неговите заповеди. Очевидна е Божията любов към нас, когато четем обещанието на Господ да ги накаже до третото и четвъртото поколение и да ги благослови до хилядното.

Това не означава, че автоматично получавате многобройни благословии, само защото Вашите праотци са били праведни служители на Бога. Например, Бог нарекъл Давид „човек според сърцето Ми" и обещал да благослови потомците му (Деяния 13:22). Въпреки това е записано, че онези деца на Давид, които се отдалечили от Бога, не получили обещаните благословии.

Видно е от летописите за израелските царе, че царете, които възхвалявали и почитали Бога, получили благословиите, които обещал на Давид. Народът преуспявал и процъфтявал до такава степен под ръководството им, че съседните нации им плащали данък. Въпреки това, царете, които се отдалечили от Бога и съгрешавали срещу Него, изпитвали много трудности в живота си.

Човек ще получи всички благословии, които неговите праотци са подготвили за него, само когато обича Бога и се опитва да живее в истината без да се опетнява с идоли.

Ние също можем да получим многобройните благословии, които Бог обещава на всички Свои предани служители и техните поколения, когато отхвърлим от нашия живот всички духовни и физически идоли, които Бог мрази и Го поставим на първо място.

Глава 4
Третата заповед

„Не изговаряй напразно името на Господа, твоя Бог"

Изход 20:7

„Не изговаряй напразно Името на Господа, твоя Бог; защото Господ няма да смята за безгрешен онзи, който изговаря напразно Името Му."

Израелтяните уважавали много Божието слово, което е очевидно от начина, по който записали Библията или четяли от нея.

Хората пишели Библията на ръка преди появата на печатниците. Името „Йехова" било много свято и всеки път, когато трябвало да го изпише, писарят миел тялото си седем пъти и дори сменял писеца. В случай на грешка, писарят скъсвал съответната страница и я изписвал отново и ако грешката се намирала в думата „Йехова", преглеждал подробно всичко отначало.

Освен това, израелтяните не произнасяли на висок глас думата „Йехова", когато четяли Библията. Те считали Божието име за прекалено свято, за да бъде прочетено на висок глас и я изговаряли като „Адонай", което означава „Мой Господи."

„Яхве" означава Господ и те вярвали, че то представлява Божията слава и суверенен характер. Името Му за тях отразявало Единствения всемогъщ Създател.

„Не изговаряй напразно името на Господа, твоя Бог"

Мнозина дори не си спомнят, че има такава заръка в Десетте заповеди. Дори и сред вярващите, някои хора не уважават Божието име и злоупотребяват с него.

Да „злопупотребяваш" означава да правиш нещо погрешно или по неправилен начин. Да злоупотребяваш с Божието име означава да използваш святото Му име неправилно, нечестиво или греховно.

Например, човек злоупотребява с Божието име ако изразява собственото си мнение и претендира, че това е Божието слово, ако прави, каквото си иска и настоява, че действа според Божията воля. Да използваш Божието име, за да направиш фалшив обет, да се шегуваш с Божието име и т.н., всичко това са примери за използването напразно на Божието име.

Друг широко разпространен начин, по който хората използват напразно Божието име е когато онези, които дори не Го търсят, срещнат трудна ситуация и примирено казват: „Бог е толкова безразличен!" или „Как би могъл Бог да позволява това ако наистина съществуваше?!"

Как би могъл Бог да ни нарича праведни ако ние, Неговите творения, използваме погрешно името на собствения ни Създател, който заслужава всичката слава и почести? Ето защо трябва да почитаме Бога и да се опитваме да живеем в истината като непрекъснато се вглеждаме в себе си с дискретност, за да сме сигурни, че не проявяваме арогантност или неуважение към Господ.

Защо е грях напразното изговаряне на Божието име?

На първо място, напразното изговаряне на Божието име е признак, че ние не вярваме в Него.

Дори и сред философите, които изучават значението на живота и съществуването на вселената, има хора, които казват: „Бог е мъртъв" и дори и някои обикновени хора безразсъдно казват: „Няма Бог."

Един руски астронафт казал: „Излязох във външното пространство и никъде на видях Бог." Като астронафт, той трябвало да знае най-добре, че изследваната от него област била само малка част от обширната вселена. Колко глупаво е от негова страна да твърди, че Бог, Създателят на цялата вселена, не съществува само защото той не Го видял с очите си в сравнително незначителната част от пространството, която посетил!

Псалми 53:1 гласи: *„Безумният каза в сърцето си: Няма Бог. Поквариха се хората и сториха гнусно беззаконие; няма кой да прави добро."* Човекът, който наблюдава вселената със смирено сърце, може да разкрие хиляди доказателства за съществуването на Създателя Бог (Римляни 1:20).

Бог дал възможност на всички да вярват в Него. Преди Исус Христос, в епохата на Стария завет, Бог докоснал сърцата на добри хора, за да усетят живия Господ. Сега, след Исус Христос, по времето на Новия завет, Бог продължава да чука на вратите на човешките сърца по различни начини, за да Го опознаят.

Ето защо добрите хора отварят сърцата си, приемат Исус Христос и получават спасение, независимо дали са чули евангелието. Бог позволява на онези, които ревностно Го търсят, да изпитат присъствието Му като разчувства силно сърцата им по време на молитва, чрез видения или с духовни сънища.

Веднъж чух историята на един член на църквата и не можах да остана безразличен. През нощта, майката на една жена, която починала от рак на стомаха, дошла при нея в съня й и казала: „Щях да се излекувам ако бях срещнала д-р Джейрок Кий, старши пастор в Централната църква Манмин." Тази жена вече познавала Централната църква Манмин, но след това преживяване, цялото й семейство се записало в църквата и единственият й син бил излекуван от епилепсия.

Все още има хора, които отричат съществуването на Бога, защото сърцата им са лоши и неразумни, въпреки че Той ни показва Своето присъствие по многобройни начини. Как би могъл Бог да ги нарече безгрешни ако сърцата им продължават да закоравяват и ако говорят небрежно за Господ без дори да вярват в Него?

Бог, който познава всеки косъм на главата ни, наблюдава всяко действие с огнени очи. Хората никога не биха произнасяли напразно името Му ако знаеха този факт. Някои хора привидно вярват, но не вярват от все сърце и напразно изговарят името Му, а това е грях пред Бога.

На второ място, напразното изговаряне на Божието име означава, че Го пренебрегваме.

Ние не уважаваме Бог ако Го пренебрегваме и не можем да претендираме, че сме безгрешни ако се осмеляваме да не зачитаме Създателя Бог.

Псалми 96:4 гласи: *„Защото Господ е велик и твърде достохвален, достопочитаем е повече от всички богове."* В 1 Тимотей 6:16 е записано: *„Който сам притежава безсмъртие, обитавайки в непристъпна светлина; Когото никой човек не е видял, нито може да види; на Когото да бъде чест и вечно господство. Амин."* Изход 33:20 гласи: *„Каза още: Не можеш да видиш лицето Ми; защото човек не може да Ме види и да остане жив!"* Създателят Бог е толкова велик и всемогъщ, че ние, Неговите творения, не можем да Го гледаме непочтително, когато си искаме.

Ето защо в древността, съзнателните хора говорили за небето с уважение, дори и да не познавали Бога. Например, в Корея, хората използват почтителна форма, когато говорят за небето или за времето, за да покажат уважение към Създателя. Те може да не познават Господ Бог, но разбират, че един всемогъщ Създател на вселената изпраща от небето всичко, от което се нуждаят, като дъжд. Затова искат да Го уважат с думите си.

Повечето хора говорят с уважение и не злоупотребяват с имената на своите родители или на хората, които почитат истински. Защо тогава да Не говорим за Господ с най-голямо уважение и с най-почтителни думи, когато споменаваме Създателя Бог на вселената и родителя на живота?

За съжаление, някои хора в днешно време твърдят, че са вярващи, но не показват уважение към Бога и не вземат насериозно името Му. Например, те се шегуват като използват Божието име или неточно цитират Библията. В Библията е записано: *„Словото беше у Бога"* (Йоан 1:1) и ние показваме неуважение към Бога ако не уважаваме тези думи.

Друг начин за неуважение към Бога е използването на името Му, за да лъжем. Пример за това е, когато човек изразява собственото си мнение и добавя: „Това е Божият глас" или „Това произлиза от Светия дух." Ако ние считаме за грубо и невъзпитано да използваме името на възрастен човек по неуместен начин, колко по-внимателни трябва да бъдем ако използваме Божието име по този начин?

Всемогъщият Бог познава сърцето и мислите на всички живи същества като дланта на ръката Си и Той знае намерението ни зад всяко дело. С огнени очи Бог наблюдава живота на всеки човек и ще съди всички хора според делата им. Ако човек истински вярва в това, той със сигурност няма да злоупотребява с Божието име или да съгрешава като се държи нагло с Него.

Трябва да запомним и нещо друго: хората, които истински обичат Бога, трябва да бъдат внимателни не само, когато използват Божието име, но и с всичко останало, което Го засяга. Хората, които истински обичат Бога, полагат повече грижи за църквата и за църковната собственост, отколкото за собствения си притежания. Те внимават много, когато боравят с църковни пари, независимо от размера на сумата.

Ще забравите ли ако случайно счупите чаша, огледало или прозорец в църквата и ще претендирате ли, че никога не се е случвало? Независимо от обема им, нещата, които са отделени специално за Бога и Неговото духовенство никога не трябва да се пренебрегват или малтретират.

Трябва също да бъдем внимателни да не съдим и да

зачитаме Божиите хора или събитията, ръководени от Светия дух, защото те са пряко свързани с Бога.

Въпреки че Саул причинил много злини на Давид и представлявал голяма заплаха за него, Давид пощадил живота му до края, поради единствената причина, че Саул някога бил цар, миропомазан от Бога (2 Царе 26:23). По подобен начин, хората, които обичат и уважават Бога, ще бъдат много внимателни с всичко, свързано с Него.

На трето място, злоупотребата с Божието име означава да лъжем с името Му.

В Стария завет ще откриете някои фалшиви пророци от историята на Израел, които объркали хората и претендирали, че предадената от тях информация произлиза от Бога.

Бог предупреждава строго за тях във Второзаконие 18:20: *„Но пророк, който дръзне да каже от Мое Име слово, което Аз не съм му заповядал да говори, или който говори от името на други богове, този пророк да умре."* Наказанието е смърт за хората, които лъжат като използват Божието име.

Откровение 21:8 гласи: *„А колкото за страхливците, невярващите, мерзавците, убийците, блудниците, магьосниците, идолопоклонниците и всички лъжци,* тяхната участ ще бъде в езерото, което гори с огън и жупел. Това е втората смърт."

Ако има втора смърт, значи има и първа. Това се отнася за хората, които умират на този свят без да вярват в Бога. Те ще отидат в Долния гроб, където ще получат болезнени наказания за греховете си. От друга страна, спасените хора ще бъдат като царе в продължение на хиляда години по време на хилядолетното царство на тази земя след като срещнат Господ Исус Христос във въздуха през Второто пришествие.

След хилядолетното царство, ще се проведе Съдът на Великия бял трон, където всички хора ще бъдат съдени и ще получат духовни награди или наказания, според делата си. По това време ще възкръснат също и неспасените души, за да се изправят пред този съд и според тежестта на греховете си, ще отидат в огненото езеро или в горящата сяра. Това е така наречената втора смърт.

В Библията е записано, че всички лъжци ще изпитат втората смърт. Това са всички, които лъжат, докато използват Божието име: фалшивите пророци и хората, които се кълнят в Божието име и нарушават клетвата си, защото това е същото като да лъжеш с името Му и да злоупотребяваш с него. В Левит 19:12, Бог казва: *"И да не се кълнете лъжливо в Моето Име, нито да оскверняваш*

Името на Бога си. Аз съм Господ."

Някои вярващи понякога лъжат като използват Божието име и казват: „Докато се молих, чух гласа на Светия дух и вярвам, че това беше Божие дело", дори и Бог да не е имал нищо общо. Друг път виждат да се случва нещо, което не знаят със сигурност и заявяват: „Бог направи така, че това да се случи." Няма нищо лошо ако това наистина е Божие дело, но проблемът е, когато това не е дело на Светия дух и те редовно го казват.

Разбира се, като Божии деца, трябва винаги да слушате гласа на Светия дух и да получавате ръководството Му, но да бъдете спасени деца на Бога не означава винаги да чувате гласа на Светия дух. Човек ще чуе по-ясно гласа Му, в зависимост от това доколко се е освободил от греха и се е изпълнил с истината. Ето защо, човек не може да чуе ясно гласа на Светия дух, ако не живее праведно и се примирява със света.

Човек лъже не само другите хора, но и Бог ако е изпълнен с неистина и нахално и показно представя собственото си мнение като дело на Светия дух. Дори и наистина да е чул гласа Му, наложително е да положи усилия да го запази в тайна ако не е напълно сигурен. Трябва да сме особено предпазливи към подобни твърдения и да се въздържаме да не обявяваме прибързано нещо за дело на Светия дух.

Същото правило се отнася за сънищата, визиите и други духовни преживявания. Някои сънища са породени от Бога, но други могат да се получат в резултат на силните ни желания или притеснения. Някои сънища могат дори да бъдат дело на Сатаната, затова човек не трябва веднага да казва: „Бог ми изпрати този сън." Това би било неправилно в очите на Бога.

Хората понякога упрекват Бога за нещастията или трудностите, които в действителност причинява Сатаната в резултат на собствените им грехове. Друг път небрежно използват Божието име за някои неща по навик. Когато всичко върви добре, те казват: „Бог ме благослови." Когато настъпят затруднения се оплакват: „О, Бог не ми позволи това." Някои хора изповядват вярата си, но не трябва да забравяме, че има голяма разлика между изповедта от все сърце и изповедта от лекомислено и гордо сърце.

Притчи 3:6 гласи: „*Във всичките си пътища признавай Него и Той ще оправя пътеките ти.*" Това не означава винаги да назоваваме нещата с Божието име. Хората, които признават Бог, винаги ще се опитват да живеят в истината и ще бъдат по-внимателни, когато използват Божието име и ако е наложително, ще го изговарят с предано и предпазливо сърце.

Следователно, трябва да се опитваме да медитираме над словото Му ден и нощ, да внимаваме в молитвите си и да бъдем изпълнени със Светия дух ако не искаме да извършим прегрешението на злоупотребата с Божието име. Само тогава можем да чуем ясно гласа на Светия дух и да действаме подобаващо според ръководството Му.

Винаги Го почитайте, за да бъдете достойни

Бог е внимателен и справедлив и затова всяка дума в Библията е правилна и точна. Когато видите как се обръща към вярващите, ще забележите, че Бог използва правилните думи за ситуацията. Например, да наречете някого „Брат" и „Любим" има напълно различен тон и значение. Бог понякога се обръща към хората като „Бащи", „Млади хора" или „Деца" и т.н., използвайки точните думи, които означават правилното определение в зависимост от степента на вярата им (1 Коринтяни 1:10; 1 Йоаново 2:12-13, 3:21-22).

Същото се отнася и за следните имена на Светата троица: „Господ Бог, Йехова, Бащата Бог, Месията, Господ Исус, Исус Христос, Агнецът, Господен дух, Божи дух, Свещен дух, Свят дух, Светият дух, Дух (Битие 2:4; 1 Летописи 28:12; Псалми 104:30; Йоан 1:41; Римляни 1:4).

Особено в Новия завет преди епохата, когато Исус Христос поел кръста, Той е наречен: „Исус, Учител, Човешки Син." След смъртта и възкресението Му, Той е наречен: „Исус Христос, Господ Исус Христос, Исус Христос от Назарет" (1 Тимотей 6:14; Деяния 3:6).

Преди разпъването Му на кръста, Той все още не бил завършил мисията Си като Спасител и затова бил наречен „Исус", което означава „този, който ще спаси народа Си от греховете Му" (Матей 1:21). След като изпълнил мисията Си, Той бил наречен „Христос", което означава „Спасител."

Бог, който е съвършен, иска и ние да бъдем коректни и съвършени в думите и делата ни. Следователно, винаги трябва да произнасяме коректно святото Божие име. Ето защо Бог казва в последната част на 1 Царе 2:30, *„Защото онези, които славят Мене, тях ще прославя и Аз, а онези, които Ме презират, ще бъдат презрени."*

Никога няма да злоупотребяваме с името Му и винаги ще се страхуваме от Него ако истински уважаваме Бога от все сърце. Моля се винаги да бъдете бдителни в молитвите си и да внимавате от сърце, за да може да възхвалявате Бога с живота си.

Глава 5
Четвъртата заповед

„Помни съботния ден,
за да го освещаваш"

Изход 20:8-11

„Помни съботния ден, за да го освещаваш. Шест дни да работиш и да вършиш всичките си дела; а на седмия ден, който е събота на Господа, твоя Бог, да не вършиш никаква работа, нито ти, нито синът ти, нито дъщеря ти, нито слугата ти, нито слугинята ти, нито добитъкът ти, нито чужденецът, който е в дома ти; защото в шест дни Господ направи небето и земята, морето и всичко, което е в тях, а на седмия ден си почина; затова Господ благослови съботния ден и го освети."

Първото, което трябва да направите ако приемете Христос и станете Божие дете, е да почитате Бога всяка неделя и да плащате десятъците. Плащането на всички десятъци и отдаването на дарения показва вярата в Божията власт над всички физически и духовни неща и спазването на Свещения ден показва вярата в Божията власт над всички духовни неща (вижте Езекил 20:11-12).

Ще получите Божията закрила срещу бедствията, изкушенията и нещастията, когато действате с вяра и признавате Божията духовна и физическа власт. Отдаването на десятъци ще бъде разгледано по-подробно в глава 8, затова в тази глава ще се съсредоточа основно върху спазването на свещения Сабат.

Защо неделя станала свещеният ден

Почивният ден, посветен на Бога е наречен „Сабат." Това произлиза от времето, когато Създателят Бог изградил вселената и хората за шест дни и след това почивал на седмия ден (Битие 2:1-3). Бог благословил този ден, обявил го за свят и накарал хората също да го почитат.

В епохата на Стария завет, Свещеният ден в действителност бил в Неделя и дори и в днешно време, евреите спазват Съботата като Сабат. В епохата на Новия завет, свещеният ден става Неделя и ние започваме да я наричаме „Божи ден." Йоан 1:17 гласи: „*Понеже законът беше даден чрез Моисей, а благодатта и истината дойдоха чрез Исус Христос*" и Матей 12:8 гласи: „*Защото Човешкият Син е Господар на съботата.*" Това е, което се случило.

Защо свещеният ден станал неделя, вместо събота? Неделният ден е този, в който всички хора могат да починат истински чрез Исус Христос.

Всички хора станали роби на греха и не притежавали истински Сабат заради неподчинението на първия човек Адам. Хората трябвало да се изхранват само с пот на челото, да страдат и да плачат от скръб, болести или смърт. Това била причината Исус да дойде на този свят в човешки облик и да бъде разпънат на кръста, за да плати за греховете на цялото човечество. Той умрял и възкръснал отново на третия ден като победил смъртта и се събудил.

По този начин Исус разрешил проблема с греховете и дал истински Сабат на цялото човечество в ранната неделна утрин, първият ден след събота. Ето защо в епохата на Новия завет, Неделя – денят, в който Исус Христос постигнал спасението на всички хора – станал свещен ден.

Исус Христос, Господ на Сабат

Учениците на Господ също посочили Неделя като Сабат, защото разбирали духовното значение на свещения ден. Деяния 20:7 гласи: *„И в първия ден на седмицата, когато бяхме събрани за разчупването на хляба"* и 1 Коринтяни 16:2 гласи: *„В първия ден на седмицата всеки от вас да отделя според успеха на работите си и да го има при себе си, за да не се събира, когато дойда."*

Бог знаел за бъдещата промяна на свещения ден и споменал за нея в Стария завет, когато казал на Моисей: *„Кажи на израелтяните: Когато влезете в земята, която Аз ви дам, и я ожънете, тогава да донесете на свещеника един сноп от първите плодове на жътвата си; и той да поклати снопа пред Господа, за да ви бъде приет; свещеникът да го раздвижи на другия ден след съботата. И в деня, когато поклатите снопа, да принесете за всеизгаряне на Господа едно едногодишно агне без недостатък"* (Левит 23:10-12).

Бог заръчал на израелтяните, когато влязат на Ханаанската земя, да пожертват един сноп от първите плодове на жътвата си на следващия ден след съботата. Първият сноп символизира Господ, който възкръснал и безгрешното едногодишното агне също символизира Исус Христос, Божият Агнец.

Тези стихове показват, че в Неделя, денят след събота, Исус, който станал мирно дарение и възкръснал, ще даде възкресение и истински свещен ден на васички хора, които вярват в Него.

Поради тази причина, Неделя, денят, в който Исус Христос възкръснал, станал ден за истинска радост и благодарност; ден, в който започнал нов живот и се открил пътят към вечния живот; денят, в който накрая настъпил истинският Сабат.

„Помни съботния ден, за да го освещаваш"

Защо Бог направил съботния ден свят и защо казал на хората да го спазват?

Бог искал да познаваме и духовната реалност, въпреки че живеем във физически свят; да бъде сигурен, че не се стремим само към нетрайните неща в този живот; да запомним Господаря и Създателя на вселената; да се стремим към истината и към вечния Сабат на Неговото царство.

Изход глава 20:9-10 гласи: *„Шест дни да работиш и да вършиш всичките си дела; а на седмия ден, който е събота на Господа, твоя Бог, да не вършиш никаква работа, нито ти, нито синът ти, нито дъщеря ти, нито* *слугата ти, нито слугинята ти, нито добитъкът ти, нито чужденецът, който е в дома ти;"* Никой не трябва да работи в съботния ден. Това се отнася за Вас, за Вашите служители, за животните и за посетителите в дома Ви.

Православните евреи не могат да готвят, да преместват тежки предмети или да пътуват на далечни разстояния в събота, защото всички тези дейности се считат за труд и не са разрешени според правилата за съботния ден. Въпреки това, тези ограничения не са Божии правила, защото са направени от хората и са предавани от старейшините на следващите поколения.

Евреите търсили причина да обвинят Исус и попитали един човек със сгърчена ръка: „Законно ли е да се лекува в Събота?" Считали за труд и незаконно дори лечението на болния човек в събота.

Исус отговорил: *„Кой от вас, ако има една овца и тя в съботен ден падне в яма, няма да я улови и извади? А колко по-ценен е човек от овца! Затова е позволено да се прави добро в съботен ден"* (Матей 12:11-12).

Спазването на съботния ден, за който говори Господ, не означава само въздържанието от всякакъв труд. Физическата почивка от труда, когато невярващите не работят и почиват в дома си или излизат навън да се забавляват, не се счита за „Сабат", защото не ни дава истински живот. Трябва първо да разберем духовното значение на „Сабат", за да го освещаваме и да бъдем благословени, както Бог е имал предвид.

Това, което Бог иска от нас в този ден не е физическа, а духовна почивка. Исая 58:13-14 обяснява, че в съботния ден хората не трябва да правят, каквото искат, да вървят по своя път, да изговарят порочни думи или да се радват на удоволствията на този свят. Вместо това, трябва да спазват свят съботния ден.

В съботния ден, човек не трябва да участва в светски събития, а да отиде на църква, която е тялото на Господ; да поеме хляба на живота, което е Божието слово; да се сближи с Бога чрез молитва и възхвала и да почива духовно в Господ. Чрез сближението вярващите трябва да споделят Божието милосърдие един към друг и да си помогнат взаимно за нарастване на вярата им. Бог прави по-зряла вярата ни и помага на душата ни да просперира, когато се отдадем на духовна почивка по този начин.

Какво конкретно трябва да се направи за спазването на свещения съботен ден?

Първо трябва да желаем благословиите на съботния ден и да се подготвим да бъдем чисти съдове.

Съботният ден е отреден от Бога като радостен и свещен ден, когато можем да получим Неговите благословии.

Последната част на Изход 20:11 гласи: *"Затова Господ благослови съботния ден и го освети"* и в Исая 58:13 е записано: *"И наречеш съботата наслада, свята на Господа, ден за почитане, и Го почиташ."*

Дори и в днешно време, израелтяните спазват неделя като свещен ден, както било в епохата на Стария завет и започват да се подготвят за Сабат един ден предварително. Те приготвят храната и правят така, че да се приберат в дома си не по-късно от петък вечер ако се налага да работят далеч от къщи.

Ние също трябва да подготвим сърцата си за Сабат преди неделния ден. Всяка седмица трябва да сме будни в молитвите преди неделя и да се опитваме винаги да живеем в истината, за да не изградим стена от грях между нас и Бога.

Спазването на „Сабат" не означава да отдадем на Бога само този ден, а да живеем цяла седмица според Божиите думи. Ето защо, трябва да се покаем и да се подготвим за неделя с чисто сърце ако през седмицата сме направили нещо, което е недопустимо за Бога.

Необходимо е да застанем пред Бога с благодарно сърце, когато отиваме на неделни служби: с радостно и очакващо сърце, като булка, която очаква младоженеца. С подобна нагласа можем да се подготвим физически като се изкъпем или дори като идем на бръснар или фризьор, за да сме сигурни, че ще бъдем чисти и спретнати.

Нормално е да изчистим дома си, да облечем чист и изгладен предварително избран костюм, за да отидем на църква. В навечерието на неделния ден не трябва да участваме в никакви светски дела и да се въздържаме от дейности, които биха могли да ни възпрепятстват да почетем Бог. Освен това, трябва да се стараем да предпазим сърцата си от раздразнителност, гняв или притеснение, за да можем да възхваляваме Бога духовно и в истината.

Следователно трябва да очакваме неделния ден с развълнувано и любящо сърце и да се подготвим да бъдем достоен съд за получаването на Божието милосърдие, което ще ни позволи да изпитаме духовен Сабат в Господ.

На второ място, трябва да отдадем на Бога целия неделен ден като свещен.

Дори и сред вярващите има хора, които отдават на Бога само една служба в неделната сутрин и след това пропускат вечерната служба, за да си починат, да се отдадат на рекреационни занимания или да се посветят на работа. Трябва да пазим свещен целия ден ако наистина искаме да спазим Сабат със сърце, изпълнено със страх от Бога. Причината, заради която пропускаме следобедните служби, за да направим различни неща е, че позволяваме на сърцата ни да следват плътските удоволствия и търсим светски неща.

Много е лесно с такава нагласа да се разсеем с други мисли по време на сутрешната служба и да не сме в състояние да почетем Бога истински. Съзнанието ни ще бъде заето с мисли като: „Ще отида в къщи да си почина веднага след като свърши службата", „О, колко хубаво ще бъде да видя моите приятели след църква" или „По-добре да побързам и да отворя магазина веднага след като това приключи." Разумът ни ще бъде зает с всякакви мисли и ние няма да се концентрираме върху посланието, възможно е дори да ни се доспи и да се чувстваме изморени по време на службата.

Разбира се, хората с млада вяра лесно се разсейват или им се доспива ако са изморени физически. Бог ще бъде милостив с тях, защото познава вярата им и вижда дълбоко в сърцата им. Въпреки това, човек показва неуважение към Бога ако привидно притежава голяма вяра, но често се разсейва и заспива по време на службата.

Спазването на свещения Сабат не означава само физическото присъствие в неделната църква. То означава цялото ни внимание да е съсредоточено върху Бога и да Му се посветим от все сърце. Бог ще получи с радост приятния аромат на сърцата ни, когато Го възхваляваме само ако Го почитаме подобаващо в целия неделен ден духовно и в истината.

Важно е също как прекарваме времето си извън църквата в неделните дни, за да спазваме свещения Сабат. Не трябва да мислим: „Вече бях на служба и направих всичко, което беше необходимо." След службата трябва да се съберем с други вярващи и да служим на Божието царство като почистим църквата, координираме движението на църковния паркинг или вършим други благотворителни работи.

Необходимо е да се въздържаме от рекреационни дейности за собствено удоволствие, когато денят свърши и се приберем вкъщи, за да починем; да медитираме върху посланието, което сме чули този ден или да прекараме времето си в събеседване и общуване с близките ни за Божието милосърдие и истината. Би било добра идея да изключим телевизора, а ако го гледаме, по-добре да избягваме определени предавания, които могат да събудят сладострастието или да ни накарат да търсим светски удоволствия. Изберете програми, които са благоприлични, чисти и още по-добре, посветени на вярата.

Бог, който вижда в дъното на сърцата ни, ще получи възхвалата ни с радост, ще ни изпълни с пълнотата на

Светия дух и ще ни благослови, за да получим истинска почивка, когато покажем, че правим всичко възможно да Го удовлетворим, дори и с дребните неща.

На трето място, не трябва да вършим светска работа.

Неемия, управителят на Израел при управлението на персийския цар Артаксеркс, разбрал Божията воля и не само издигнал отново стените на град Ерусалим, но и правил така, че хората му да спазват свещения Сабат.

Ето защо той забранил работата или продажбите в съботните дни и дори преследвал хората, които спяли извън градските стени, за да правят бизнес на следващия ден.

В Неемия 13:17-18, Неемия предупреждава хората си: *„Какво е това зло, което правите, като осквернявате съботния ден? Не постъпиха ли така бащите ви, така че нашият Бог докара всичкото това зло на нас и на този град? А пък вие умножавате гнева върху Израел, като осквернявате съботата."* Това, което Неемия казва е, че работата в събота нарушава свещения ден и предизвиква Божия гняв.

Хората, които нарушават свещения ден, не признават Божията власт и не вярват в обещанието Му да благослови онези, които го спазват. Ето защо Господ, който е справедлив, не може да ги закриля и ги сполетяват нещастия.

Бог заповядва и на нас същото в днешно време. Той ни казва да работим усилено в продължение на шест дни и да почиваме на седмия ден и ако почитаме съботния ден като свещен, Бог не само ще ни компенсира за това, което бихме спечелили ако работим седем дни, но ще ни благослови така, че „складовете" ни да преливат.

В Изход, глава 16, ще видите, че Бог изпращал манна и яребици на израелтяните всеки ден, а на шестия ден им изпратил двойно повече, за да се подготвят за Сабат. Някои израелтяни отишли да съберат манна в събота, водени от себелюбие, но се върнали с празни ръце.

Същият духовен закон се отнася и за нас в днешно време. Божиите деца могат да имат краткосрочна печалба ако не спазват свещен съботния ден и работят по време на Сабат, но в дългосрочен план, по една или друга причина, ще претърпят дълготрайна загуба.

В действителност, дори и привидно да изглежда, че за момента печелите, без Божията закрила ще изпитате непредвидени беди: катастрофа или болест, което в крайна сметка ще бъде по-голяма загуба от добитата печалба.

От друга страна, Бог ще бди над Вас в останалите дни от седмицата и ще Ви води към успех ако спазвате свещен съботния ден. Светият дух ще Ви пази със Своите огнени стълбове и ще Ви закриля от болести. Той ще благослови Вас, бизнеса Ви, работното място и всички места, където ходите.

Ето защо Бог направил тази заповед една от Десетте заповеди и установил като сериозно наказание пребиваването с камъни на хората, които работят в събота, за да не забравят значението на съботния ден и да не тръгват по пътя към вечната смърт (Числа Глава 15).

От момента, в който приех Исус в моя живот, аз се стараех да помня Сабат и да го почитам свещен. Преди да създам църквата ни, имах книжарница. Много хора идваха в неделя, за да вземат или да върнат книги и винаги, когато това се случваше, аз казвах: „Днес е Божият ден. Магазинът е затворен" и не отварях в този ден. В резултат на това, вместо да претърпя загуби, Бог в действителност ме благослови толкова много по време на шестте работни дни, че изобщо не се замисляхме да отворим отново в неделя!

Когато е разрешено да работим или да правим бизнес в свещения Сабат

Библията разрешава понякога да се работи или да се прави бизнес в Неделя. Това са случаите, когато работата е необходима за извършване на Божиите дела или на благородни действия като спасяването на човешки живот.

Матей 12:5-8 гласи: *„Или не сте чели в закона, че в съботен ден свещениците в храма нарушават съботата и все пак не са виновни. Но, казвам ви, че тук има нещо повече от храма. Но ако знаехте какво значи писаното: 'Милост искам, а не жертва', не бихте осъдили невинните. Защото Човешкият Син е Господар на съботата."*

Не се счита за труд, когато свещениците убиват животни, за да ги принесат в жертва в събота. Следователно, всяка работа за Господ в Божия ден не се счита за нарушение на Сабат, защото Той е Господ на Свещения ден.

Например, допусимо е църквата да осигури храна от външно място ако в сградата няма кафене или друго подходящо помещение и е необходимо да се нахранят певците в хора и учителите, защото цял ден са се струдили. Господ на Сабат е Исус Христос и купуването на храна в този случай е за Божието дело. Разбира се, би било по-добре храната да се приготвя в църквата.

Отварянето на книжарниците в неделните дни в църквата не представлява нарушение на Сабат, защото продадените от тях продукти не се считат за светски предмети, а за артикули, които дават живот на вярващите в Бога. Това са Библии, църковни песнопения, записи на проповеди и други артикули, свързани с църквата. Автоматите за продажба и лавките в църквата също са позволени, защото помагат на вярващите в Сабат. Печалбата от тези продажби се използва за подпомагащи мисии и доброволни организации и се отличават от печалбите от мирянски продажби, които се провеждат извън църквата.

Бог не счита някои видове работа в събота за нарушения на свещения ден като дейностите на войската, полицията, болниците и др. Това са дейности за защита и за спасяване на човешкия живот и за извършване на добри дела. Въпреки това, дори и да попадате в тази категория, трябва да се опитате да се съсредоточите върху Бога, дори и само в сърцето Ви. Трябва да желаете от сърце и ако е възможно да помолите началника си да промени почивния ден, за да спазвате Сабат.

Как стои въпросът с вярващите, които се женят в неделя? Вярата им е много млада ако твърдят, че вярват в Бога и брачната им церемония е в Божия ден, но може да се обидят и да изостанат във вярата си ако решат сватбата им да е в неделя и никой от църквата им не присъства. Ето защо в този случай църковните членове могат да присъстват на церемонията след неделната служба.

По този начин ще уважат младоженците, които няма

да се обидят и ще запазят вярата си. Въпреки това, след церемонията не е допустимо да останете в приемната, предназначена за гостите, които искат да се забавляват.

Лесно ще намерите отговор и на много други въпроси за съботния ден, след като разберете Божието сърце. Ще възхвалявате Бога от все сърце, когато отхвърлите всяко зло. Ще проявите искрена любов към другите хора вместо да ги съдите според създадените от хората правила и наредби като Садукеите и Фарисеите. Ще се радвате на истински Сабат в Господ без да нарушавате деня на Бога и ще познавате Божията воля във всякакви ситуации. Ще знаете какво да правите с ръководството на Светия дух и винаги ще се радвате на свободата като живеете в истината.

Бог е любов, затова ще даде на Своите деца всичко, което поискат ако спазват Неговите заповеди и правят това, което Го удовлетворява (1 Йоаново 3:21-22). Той не само ще ни обсипе с милосърдието Си, но и ще ни благослови, за да побеждаваме и да преуспяваме във всички области на живота. В края на живота ни ще ни поведе към най-добрите обиталища на небето.

Бог е приготвил за нас небето, където завинаги да споделяме любовта и щастието подобно на булката и младоженеца. Това е истинският Сабат, който Бог е запазил за нас. Ето защо се моля вярата Ви да съзрява и да расте всеки ден, като пазите свещен съботния ден и го почитате.

Глава 6
Петата заповед

„Почитай баща си и майка си"

Изход 20:12

„Почитай баща си и майка си, за да се продължават дните ти на земята, която ти дава Господ, твоят Бог."

В една студена зима, когато улиците на Корея били изпълнени със страдащи бежанци от опустошенията на Корейската война, една жена се подготвяла да роди. Извървяла няколко мили докато стигне необходимото място, но контракциите й ставали все по-учестени и по-силни и внимателно се изкачила на един изоставен мост. Легнала на студената, замръзнала земя, понесла сама родилните болки и родила едно малко дете. Увила новороденото бебе със собствените си дрехи и го прегърнала в скута си.

Няколко минути по-късно, един американски войник, който минавал покрай моста, чул бебешки рев. Воден от плача на новороденото, той се качил на моста и намерил мъртва, замръзнала, гола жена, свита над ревящото бебе, покрито с дрехи. Подобно на родилката в тази история, родителите до такава степен обичат децата си, че са готови бързо и всеотдайно да пожертват живота си за тях. Колко по-голяма е според Вас безусловната любов на Бога към нас?

„Почитай баща си и майка си"

Да почитате баща си и майка си означава да се подчинявате на волята на Вашите родители и да им служите с искрено уважение и благовъзпитаност. Нашите родители са ни родили и отгледали. Ако те не съществуваха, и ние нямаше да съществуваме. Ето защо, дори и Бог да не беше направил тази заповед една от Десетте заповеди, хората с добри сърца пак щяха да я спазват.

Бог ни заповядва: „Почитай баща си и майка си" и добавя в Ефесяни 6:1: *„Деца, покорявайте се на родителите си в Господа, защото това е правилно."* Той иска да почитаме нашите родители според словото Му. Вие не уважавате истински Вашите родители ако не спазвате Божието слово, за да ги удовлетворите.

Какво трябва да направите ако искате да отидете на църква в неделя и родителите Ви предложат: „Не ходи на църква днес, нека бъдем заедно"? Вие не ги почитате истински ако ги послушате, за да ги задоволите. Това означава да нарушите свещения съботен ден и да вървите към вечната тъмнина заедно с тях.

Дори и да ги слушате и да им служите физически, как бихте казали, че ги обичате истински, след като в духовен смисъл, това е пътят към вечния ад? Първо трябва да действате според Божията воля и след това да се опитате да разчувствате сърцата им, за да идете всички заедно на небето. Това означава истински да ги почитате.

В 2 Летописи 15:16 е записано: *„А още и майка си Мааха цар Аса свали да не бъде царица, понеже тя беше* *направила отвратителен идол на Ашера; Аса съсече нейния идол, стри го и го изгори при потока Кедрон."*

Царицата на един народ противоречи на Бога и върви по пътя на вечното проклятие ако почита идоли. Тя излага на опасност подчинените си, защото ги принуждава да извършват идолопоклонство и да тръгнат по същия прокълнат път като нея. Ето защо, Аса не се опитал да удовлетвори майка си Мааха с послушание, а я свалил от царската длъжност, за да се покае за прегрешенията си пред Бога. Така народът можел да се пробуди и да направи същото.

Свалянето на царицата от нейната длъжност не означавало, че цар Аса престанал да изпълнява задълженията си като син. Той я обичал и продължил да я уважава и почита като негова майка.

Нужно е да помогнем на невярващите родители да получат спасение и да отидат на небето, за да кажем: „Аз наистина почитах моите родители" и да им съдействаме да отидат на най-доброто обиталище на небето ако вече са вярващи. В същото време, трябва да се опитваме да им служим и да ги задоволим, доколкото можем според Божията истина, докато живеем тук на земята.

Бог е Бащата на нашите духове

„Почитай баща си и майка си" в действителност означава същото като: „Спазвай Божиите заповеди и почитай Бога." Човек ще уважава и своите родители ако истински уважава Бога от все сърце и ще служи искрено на Бога ако служи искрено на своите родители. Бог трябва да се поставя на първо място, когато говорим за приоритети.

Например, в много култури синът ще се подчини и ще отиде на изток ако така заповяда баща му, но ако в този момент дядо му каже: „Не, не отивай на изток. Отиди на запад", по-правилно е да отиде в тази посока и да отговори: „Дядо ми каза да отида на запад."

Бащата няма да се ядоса ако почита истински своя собствен баща, само защото синът му е послушал дядо си вместо него самия. Начинът да се подчиняваме на по-възрастните според старейшинството на поколенията важи и за отношенията ни с Бога.

Бог е Единственият, който създал и дал живот на нашия баща, дядо и всички наши предшественици. Човек е създаден от сливането на семето и яйцето, но Бог е Единственият, който дава на хората главното семе на живота.

Нашите видими тела не са нищо повече от временни форми, които използваме за кратко време докато живеем на тази земя. Духът в нас е истинският господар на всички след Бог. Никой не е способен да пресъздаде човешкия дух, независимо колко умни и мъдри стават хората. Човек е способен да клонира човешки клетки и да създаде човешка форма, но ние не можем да наречем тази форма човешко същество, ако Бог не й даде дух.

Следователно, Бог е истинският Баща на нашия дух. Познавайки този факт, трябва да направим всичко възможно да служим и да почитаме нашите физически родители, но още повече да обичаме, да служим и да почитаме Бога, защото Той е създател и родител на самия живот.

Родителят, който разбира това, никога не трябва да мисли: „Родих моето дете, затова мога да правя с него, каквото си искам." Както е записано в Псалми 127:3: *„Ето, наследство от Господа са синовете и награда от Него е плодът на утробата"*, родителите, които притежават вяра, ще считат своето дете за получено от Бога същество и безценна душа, която трябва да се подхранва според Божията, а не според тяхната воля.

Как да почитаме Бога, Бащата на нашите духове

Какво трябва да направим, за да почитаме Бога, Бащата

на нашите духове?

Ако истински почитате Вашите родители, трябва да им се подчинявате, да носите радост и утеха за сърцата им. По същия начин, ако истински искате да почитате Бога, трябва да Го обичате и да спазвате Неговите заповеди.

Както е записано в 1 Йоаново 5:3 *„защото това е любов към Бога: да пазим Неговите заповеди; а заповедите Му не са тежки"*, ще се радвате да спазвате Божиите заповеди ако истински обичате Бога.

Божиите заповеди се съдържат в словото, записано в шестдесет и шестте книги на Библията и по-конкретно в следните заръки: „Обичай, прощавай, прави мир, служи, моли се" и т.н., където Бог ни казва да направим нещо и има думи като: „Не мрази, не проклинай, не лъжи" и т.н., където Бог ни казва да не правим нещо. Има също думи като: „Отхвърли дори дребната форма на грях" и т.н., където Бог ни казва да отхвърлим нещо от живота ни и думи като: „Пази свят съботния ден" и т.н., където Бог ни казва да спазваме нещо.

Ние почитаме истински Бащата Бог само, когато действаме според заповедите, записани в Библията и издаваме приятен аромат за Бога като християни.

Хората, които обичат и почитат Бога обичат и почитат също и своите физически родители, защото Божиите заповеди постановяват да уважаваме нашите родители и да обичаме братята си.

Нима обичате Бога, правите всичко възможно да Му служите в църквата, но по един или друг начин пренебрегвате вкъщи Вашите родители? Случва ли се да бъдете смирени и любезни с братята и сестрите в църквата, но понякога да бъдете груби и да обиждате семейството у дома? Отговаряте ли на Вашите родители с думи и действия, които показват безсилие и твърдите ли, че казаното от тях е безсмислено?

Разбира се, понякога е възможно да имате конфликт с родителите заради различия в поколенията, образованието или културата. Въпреки това, винаги трябва да се опитваме да уважаваме и да почитаме думите им. Дори и да сме прави, трябва да отстъпим ако мнението им не противоречи на Библията.

Никога не трябва да забравяме да почитаме нашите родители с разбирането, че ние сме се родили и сме съзряли заради тяхната любов и жертвоготовност за нас. Някои хора чувстват, че родителите им не са направили нищо за тях и не им е лесно да ги уважават. Въпреки това, дори и да не са изпълнявали своите отговорности като бащи и майки, трябва да помним, че почитането на хората, които са ни дали живот, е основно човешко възпитание.

Уважавайте Вашите родители ако обичате Бога

Обичта към Бога и уважението на Вашите родители вървят ръка за ръка. 1 Йоаново 4:20 гласи: "*Ако някой каже: Обичам Бога, а мрази брат си, той е лъжец; защото който не обича брат си, когото е видял, не може да обича Бога, Когото не е видял.*"

Човек е лицемерен и лъже ако твърди, че обича Бог, но не обича своите родители и не живее в мир с братята и сестрите си. Ето защо в Матей 15 стихове 4-9 Исус порицава Фарисеите и писарите. Според традициите на старейшините, не трябвало да се тревожат за даренията на своите родители докато отдавали дарения на Бога.

Някои хора твърдят, че не могат да дадат нищо на своите родители, защото дават на Господ. Това нарушава Божията заповед за почитането на родителите и е признак за зла умисъл, защото използват Бог като извинение и искат да отнемат това, което с право им се полага за собствената им изгода. Хората, които истински обичат и почитат Бога от все сърце, ще обичат и уважават също и своите родители.

Например, може за някого в миналото да не е било лесно да обича своите родители, но с разбирането на Божията любов, постепенно ще осъзнае по-добре и родителската любов. Колкото повече живеете според истината, отхвърляте греховете и спазвате Божието слово, толкова повече сърцето Ви ще се изпълва с истинска любов и толкова по-способни ще бъдете да уважавате и да обичате Вашите родители.

Благословията, която получавате, когато спазвате петата заповед

Бог направил обещание на хората, които Го обичат и почитат своите родители. Изход 20:12 гласи: *„Почитай баща си и майка си, за да се продължават дните ти на земята, която ти дава Господ, твоят Бог."*

Този стих не означава, че уважението към родителите е достатъчно, за да живеете дълго. Бог ще изпрати благословии за успех и закрила във всички области на живота Ви според степента, в която уважавате Бога и почитате Вашите родители в Божията истина. „За да се продължават дните ти на земята" означава, че Бог ще благослови Вас, Вашето семейство, работното място или бизнеса Ви от внезапни беди, за да имате дълъг и успешен живот.

Такава благословия получила Рут от Стария завет. Тя била нееврейка от Моавската земя и съдейки по физическите обстоятелства, човек би казал, че имала труден живот. Омъжила се за евреин, който избягал от Израел, за да се спаси от глада, но скоро след сватбата им овдовяла и останала сама без деца.

Свекърът й починал отдавна и в семейството нямало мъж, който да работи. Единствените хора в домакинството били свекървата Наоми и балдъзата Орпа. Рут не се поколебала да последва Наоми, когато решила да се завърне в Юда.

Наоми опитала да убеди младата си снаха да замине и да се опита да започне нов, по-щастлив живот, но Рут не променила решението си. Искала да се грижи докрай за своята овдовяла свекърва и я последвала в Юда в напълно чужда за нея земя. Обичала я и затова искала да изпълни всичките си задължения на снаха. Стремяла се да направи всичко възможно, за да се грижи за нея докато можела и била готова да пропусне възможността да постигне нов, по-щастлив живот за себе си.

Рут започнала също да вярва в Бога на израелтяните като свекърва си. Четем трогателната й изповед в Рут глава 1, стихове 16 и 17:

„Не ме умолявай да те оставя и да не дойда с тебе. Където идеш ти, и аз ще ида, и където останеш, и аз ще остана. Твоят народ ще бъде мой народ и твоят Бог – мой Бог. Където умреш *ти, и аз там ще умра и там ще бъда погребана. Така да ми направи Господ, да! И повече да прибави, ако друго, освен смъртта, ме отдели от тебе."*

Бог я благословил и направил успешен живота й, когато чул тази изповед, въпреки че Рут била нееврейка. Според еврейския обичай жената можела да се омъже повторно за роднина на починалия си съпруг. Рут имала възможност да започне нов, щастлив живот с любезен съпруг и да живее цял живот със свекърва си, която обичала.

Освен това, в нейния род се появил цар Давид и Рут имала предимството да сподели потеклото на Спасителя Исус Христос. Рут получила многобройни физически и духовни благословии, както Бог обещал, защото почитала своите родители в Божията любов.

Подобно на Рут, ние трябва първо да обичаме Бога и след това нашите родители според Божията любов, за да получим всички обещани благословии, които се съдържат в Божиите думи: „за да се продължават дните ти на земята."

Глава 7
Шестата заповед

„Не убивай"

Изход 20:13

„*Не убивай.*"

Като пастор, общувам с множество църковни членове. Освен на боготворителните църковни служби, аз се срещам с тях, когато идват да получат молитва, да споделят своята история или да потърсят духовна подкрепа. Често им задавм следния въпрос, за да им помогна да засилят вярата си: „Обичате ли Бог?"

Повечето хора отговарят уверено: „Да! Обичам Бог", но това е, защото често не разбират духовното значение на любовта към Бога. Тогава им цитирам следния стих: *„Защото това е любов към Бога: да пазим Неговите заповеди"* (1 Йоаново 5:3) и им обяснявам духовното значение на любовта към Бога. След това, когато задам отново същия въпрос, повечето хора не са толкова сигурни в отговора.

Много е важно да разберем духовното значение на Божиите думи и това се отнася и за Десетте заповеди. Какво е духовното значение на шестата заповед?

„Не убивай"

В четвърта глава на Битие ще прочетем за първото човешко убийство. Това е случаят, когато синът на Адам, Каин, убил своя по-малък брат Авел. Защо се случват такива неща?

Авел принесъл на Господ жертвоприношение, което Го удовлетворило. Каин направил жертвоприношение на Господ по начин, който той считал за правилен и който бил най-удобен за него. Бог не приел жертвоприношението му и вместо да разбере грешката си, Каин изревнувал от брат си и се изпълнил с гняв и негодувание.

Бог познавал сърцето на Каин и няколко пъти го предупреждавал: *„Грехът лежи пред вратата и се стреми към тебе; но ти трябва да го покориш"* (Битие 4:7). Въпреки това, както е записано в Битие 4:8: *„И когато бяха на полето, Каин застана против брат си Авел и го уби"*, Каин не бил в състояние да контролира гнева в сърцето си и извършил необратимия грях.

От думите: „Когато бяха на полето" можем да предположим, че Каин търсил момента да остане сам с брат си. Това означава, че той решил в сърцето си да го убие и очаквал удобния случай. Деянието на Каин не било случайно, а резултат от неговия неудържим гняв, който избухнал в определен момент. Затова извършеното от него убийство е толкова голям грях.

В историята на човечеството последвали много убийства. В днешно време светът е изпълнен с пороци и ежедневно се случват безкрайно много престъпления. Средната възраст на престъпниците намалява и престъпленията стават все по-жестоки. Най-лошото е, че вече не ни изненадват случаите, когато родителите убиват децата си и децата убиват своите родители.

Физическо убийство: Отнемане на живота на друг човек

В законно отношение има два вида убийство: убийството от първа степен, когато човек убива друг човек съзнателно поради определена причина и убийството от втора степен, когато човек убива някого неумишлено. Убийството от злоба, за материални придобивки или непредумишленото убийство заради безразсъдно шофиране: всички те представляват убийства, но тежестта на греха е различна за всеки случай в зависимост от ситуацията. Някои убийства не се считат за грехове като проливането на кръв на бойното поле или убийството в законна самозащита.

Според Библията не се счита за убийство ако убием крадеца, който се промъква в къщата ни през нощта, но се счита за престъпление ако убием крадеца, който влиза в дома ни денем и това трябва да бъде наказано. Така е, защото преди няколко хиляди години – по времето, когато Бог постановил законите Си, хората лесно могли да преследват или да хванат крадеца с чужда помощ.

В този случай Бог считал за прекалена самозащита и грехота проливането на чужда кръв, защото забранява пренебрегването на човешките права и злоупотребата с неприкосновеността на живота. Това показва справедливата и любяща природа на Господ (Изход 22:2-3).

Самоубийство и аборт

Освен гореспоменатите видове убийства, съществува също случаят на „самоубийството", което ясно се счита за „убийство" пред Бога. Бог притежава върховния контрол върху живота на хората и самоубийството отхвърля Неговата върховна власт, затова то е голям грях.

Хората извършват този грях, защото не вярват в живота след смъртта или в Бога. Ето как, освен прегрешението, че не вярват в Бога, те извършват също греха на убийството. Представете си каква присъда ги очаква!

В днешно време с нарастването на потребителите в Интернет, често пъти има случаи, когато хората са подтиквани към самоубийство в някои уеб страници. Първата причина за смъртни случаи в Корея сред хората на четиридесет години е ракът и на второ място е самоубийството, което става сериозен социален проблем. Хората трябва да разберат факта, че не притежават властта да слагат край на живота си и че смъртта им тук на земята не означава, че проблемът им ще се разреши.

Как стои въпросът с абортите? Истината е, че животът на зародиша в утробата е подвластен на Бога и абортът също попада в категорията на убийството.

В днешно време, когато грехът контролира живота на толкова много хора, родителите извършват аборт без да считат това за грях. Убийството на друг човек само по себе си е ужасен грях, колко по-тежък грях е ако родителите отнемат живота на собственото си дете?

Физическото убийство е очевиден грях и всяка държава има строги закони срещу него. Това също е тежък грях пред Бога и врагът дявол причинява всякакви беди и изпитания на хората, които извършват убийство. Не само това, тях ги очаква строг съд след смъртта и никой не трябва да извършва греха на убийството.

Духовното убийство, което наранява духа и душата

Бог счита за ужасен грях, както физическото, така и духовното убийство, което е еднакво страшно. Какво точно представлява духовното убийство?

На първо място, духовно убийство е, когато човек

извърши нещо в противоречие с Божията истина, независимо дали чрез думи или с дела и кара другия човек да се отклони от вярата си.

Да накараш друг вярващ да се отклони от вярата си означава да навредиш на духа му като го принудиш да се отдалечи от истината.

Представете си, че един вярващ с млада вяра се обърне за съвет към водача на църквата и го попита: „Може ли да пропусна неделната служба, защото имам важен бизнес?" Ако водачът го посъветва: „Ами, ако бизнесът е толкова важен, мисля, че не е проблем да пропуснеш неделната служба", тогава той принуждава вярващия да се отклони от вярата си.

Нека да вземем друг пример; отговорникът за църковните средства пита: „Може ли да взема малко църковни пари за лични нужди? Ще ги върна обратно само след няколко дни." Ако църковният лидер отговори: „В действителност, няма проблеми, ако ги върнеш", тогава той го учи на нещо в противоречие с Божията воля и накърнява вярата му.

Или ако водачът на малка група каже: „В днешно време имаме толкова ангажирано всекидневие. Как бихме могли изобщо да се срещаме често?", той учи вярващите да не гледат сериозно на църковните срещи в противоречие с Божията истина, с което ги кара да се отклоняват от вярата си (Евреи 10:25). Както е записано: "*Ако слепец слепеца води, и двамата ще паднат в ямата*" (Матей 15:14).

Ето защо да предаваме на вярващите грешна информация и да ги караме да се отклоняват от Божията истина представлява духовно убийство. Даването на вярващите на невярна информация може да ги накара безпричинно да бъдат нещастни. Църковните лидери, които са в позицията да учат другите вярващи, трябва да се молят страстно на Бога, да дават правилна информация или да зададат въпросите си на друг водач, който може ясно да им даде верния отговор от Бога и да ги направлява в правилната посока.

Освен това, в категорията на духовното убийство попада изговарянето на лоши или забранени думи. Произнасянето на думи, които проклинат или осъждат другите, създаването на синагога на Сатаната чрез разпространяването на слухове или създаването на разногласие между хората: всичко това са примери за предизвикване на другия човек да мрази или да извършва зло.

По-лошо е, когато хората разпространяват слухове за Божиите служители като пасторите или за църквата. Тези слухове могат да накарат много хора да се разколебаят във вярата си и затова авторите им със сигурност ще бъдат съдени пред Бога.

Понякога хората нараняват собствените си духове заради злото в сърцата им. Примери за такива случаи са евреите, които се опитали да убият Исус, въпреки че действал в истината или Юда Искариотски, който продал Христос на евреите за тридесет сребърника.

Човек трябва да знае, че и той самият има зло в себе си ако се разколебае във вярата си след като види слабостите на другия. Хората понякога гледат критично на новородения християнин, който все още не се е отказал от предишните си пътища и казват: „И той нарича себе си християнин? Няма да ида на църква заради него." Това е случай, в който се отклоняват от вярата си. Никой друг не е предизвикал това; те сами се нараняват заради собственото си греховно и осъдително сърце.

Хората понякога се отклоняват от Бога, разочаровани от някого, когото са считали за праведен християнин, с твърдението, че не е действал според истината. Те няма да се отклонят от вярата си и няма да изоставят пътя към спасението ако просто се съсредоточат върху Бога и върху Господ Исус Христос.

Например, хората понякога подписват договор с друг човек, на когото истински вярват и уважават, но по една или друга причина нещата се объркват и партньорът им среща трудности. В този случай много хора се разочароват и обиждат. Ситуацията само доказва, че вярата им не е истинска и трябва да се разкаят за своето неподчинение. Те са хората, които не се подчинили на Бога, когато изрично ни казва да не ставаме поръчители за дългове (Притчи 22:26).

Трябва да се молите за другия със състрадателно сърце и да очаквате да се промени, когато видите слабостите му ако наистина имате добро сърце и истинска вяра.

Някои хора сами се отклоняват от вярата си ако се обидят докато слушат Божието послание. Например, пасторът изнася проповед за определен грях и дори и никога да не е помислял за тях или да споменава името им, те са убедени: „Пасторът говори за мен! Как може да прави това пред толкова много хора?" След това напускат църквата.

Друг пример е, когато пасторът казва, че десятъците принадлежат на Бога и че Бог благославя хората, които отдават десятък. В този случаи някои хора се оплакват, че църквата обръща голямо внимание на парите. След това, когато Бог свидетелства за Божията сила и чудесата Му, присъстващите казват: „Това е безсмислено за мен" и се оплакват, че посланието не съответства на знанията и образованието им. Всичко това са примери за хора, които се обиждат и сами отклоняват сърцата си от вярата.

Исус казал в Матей 11:6: „*И блажен онзи, който не се съблазнява в Мен*" и в Йоан 11:10: „*Но ако някой ходи през нощта, препъва се, защото светлината не е в него.*" Човек няма да залита или да се отдалечава от Бога, защото словото Му, което е светлина, ще бъде с него ако има добро сърце и желае да получи истината. В него все още има тъмнина ако се отклонява от вярата си или се обижда от нещо.

Човек има слаба вяра или тъмнина в сърцето си, когато е обидчив. Този, който обижда другите, също е отговорен за действията си. Дори и това, което казваме да е абсолютната истина, трябва да се стремим да я предадем мъдро на другите по начин, който съответства на вярата им.

Ако кажете на един новороден християнин, който тъкмо е приел Светия дух: „Престани да пушиш и да пиеш ако искаш да бъдеш спасен"; „Никога не трябва да отваряш магазина в неделя" или „Ще изградиш стена между теб и Бога ако извършиш прегрешението да спреш молитвите, затова трябва да ходиш на църква и да се молиш всеки ден", това е все едно да храним с месо едно бебе, което суче мляко. Дори и новороденият християнин да се подчини по принуда, те сигурно ще си помислят: „О, да бъдеш християнин е толкова трудно." Възможно е да се почувстват обременени и рано или късно да се откажат изцяло от вярата си.

Матей 18:7 гласи: „*Горко на света поради съблазните,*

защото е неизбежно да дойдат съблазните; но горко на онзи човек, чрез когото идва съблазънта!" Дори и да казвате нещо за доброто на друг човек, счита се за духовно убийство ако го обиждате или го карате да се отдалечава от Бога и неизбежно ще срещнете изпитания, за да платите цената на този грях.

Нужно е да контролирате всичко, което казвате, за да носят думите Ви благоразположение и благословии на слушателите ако обичате Бога и ближните. Дори и да учите някого в истината, много е важно да не се почувства виновен или с наскърбено сърце, да му дадете надежда и сили, за да приложи в живота наученото и да могат всички, на които проповядвате, да вървят по успешния път на живота на Исус Христос.

Духовното убийство на омразата към друг брат

Вторият вид духовно убийство е омразата към брата или сестрата в Исус.

В 1 Йоаново 3:15 е записано: *„Всеки, който мрази брат си, е човекоубиец; и вие знаете, че у никой човекоубиец не пребъдва вечен живот."*

В действителност коренът на убийството е омразата.

Човек отначало мрази някого в сърцето си, но разрастването на омразата може да доведе до злонамерено действие срещу другия и накрая дори до убийство. В случая с Каин всичко започнало, когато намразил своя брат Авел.

Ето защо в Матей 5:21-22 е записано: „Чули сте, че е било казано на древните: 'Не убивай; и който убие, ще бъде виновен пред съда.' А пък Аз ви казвам, че всеки, който се гневи на брат си без причина, ще бъде виновен пред съда; и който каже на брат си Рака, ще бъде виновен пред Синедриона; а който му каже: Бунтовни безумецо, ще бъде виновен за огнения пъкъл."

Гневът може да накара човек да се бие с другите ако сърцето му е изпълнено с омраза. Ще им завижда, ще ги критикува, ще ги клевети и ще разпространява слухове за слабостите им, когато с тях се случи нещо хубаво. Ще ги измами, ще им навреди или ще им стане враг. Омразата към друг човек и злонамерените действия към някого са примери за духовно убийство.

В епохата на Стария завет, Бог все още не бил изпратил Светия дух и за хората не било лесно да обрежат сърцата си и да станат святи. В днешно време, в епохата на Новия завет, можем да приемем Светия дух в сърцата си и Бог ни дава силата да се освободим дори от най-греховната ни природа.

Светият дух е част от Божието триединство и подобно на грижовна майка ни учи за Господ, за сърцето на Бога, за греха, за порока и за осъждането и ни помага да живеем в истината, за да отхвърлим дори и образа на греха.

Ето защо Бог казва на нас, Неговите деца, никога да не извършваме физическо убийство и да изкореним омразата от сърцата си. Едва когато отхвърлим всички злини от сърцата ни и ги изпълним с обич, можем да живеем истински в Божията любов и да се радваме на доказателствата за нея (1 Йоаново 4:11-12).

Не виждаме заблуждението на този, когото обичаме. Съчувстваме му, окуражаваме го с обнадеждено сърце и му даваме сила да се промени ако има слабости. Бог ни дал такъв вид любов, когато все още сме били грешници, за да получим спасение и да отидем на небето.

Ето защо, не само трябва да спазваме Неговата заповед: „Не убивай", но и да обичаме всички хора – дори враговете ни – с обичта на Христос и да получаваме Божиите благословии по всяко време. Накрая ще влезем в най-хубавото място на небето и ще живеем завинаги в Божията любов.

Глава 8
Седмата заповед

„Не прелюбодействай"

Изход 20:14

„Не прелюбодействай."

Везувий, разположен в Южна Италия, бил активен вулкан, от който димяло пушек от време на време, но хората считали, че придавал красив изглед на Помпей.

На 24 август 79 г., около пладне, земята започнала да трепери и над вулкана се появило огромно кълбо дим, което затъмнило небето над Помпей. Върхът на планината се разпукал със силна експлозия и по склоновете към земята се спуснала течна лава и пепел.

За няколко минути загинали безкраен брой хора, а други се втурнали към океана, за да спасят живота си, когато се случило най-лошото. Вятърът се засилил и задухал срещу океана.

Горещият и токсичен газ задушил всички жители на Помпей, които избягали към океана, за да се спасят от изригването.

Жителите на Помпей били гулюйджии, изпълнени със сладострастие и идолопоклонство. Последният им ден напомня за библейските градове Содом и Гомора, които изпитали огнения съд на Бог. Участта на тези градове ясно напомня колко много Бог мрази похотливите сърца и идолопоклонството, което е изразено в Десетте заповеди.

„Не прелюбодействай"

Прелюбодейството означава сексуална връзка между един мъж и една жена, които нямат брачен съюз. В миналото прелюбодействието се считало за изключително неморален акт. Така ли е в днешно време? С развитието на компютрите и на Интернет, възрастните и дори децата имат лесен достъп до порочен материал.

Сексуалната етика в съвременното общество толкова е изопачена, че по телевизията, кината и дори в детските предавания се представят неприлични или сладострастни сцени. Дръзкото показване на тялото все повече завладява модата и в резултат на това, грешното разбиране за секса се разпространява бързо.

За да разберем истината по този въпрос, нека разгледаме значението на седмата заповед: „Не прелюбодействай" в три части.

Прелюбодейство в действие

Днес повече от всякога са занижени човешките морални ценности. Тази реалност достига такава степен, че във филмите и сериалите, прелюбодейството често се представя като красив израз на любовта. В съвременното общество неомъжените жени и мъже лесно отдават телата си един на друг и дори имат извънбрачен секс с представата: „Всичко е наред, защото ще се оженим в бъдеще." Дори семейните мъже и жени открито признават, че имат връзки с други хора, с които нямат брачна връзка. Още по-лошо е, че все повече намалява възрастовата граница за започване на сексуални контакти.

Прелюбодейците били наказвани строго според действащите закони, когато Моисей получил Десетте заповеди. Бог е любов, но прелюбодейството е недопусим и сериозен грях и затова Господ ясно Го разграничава и забранява.

Левит 20:10 гласи: *„Ако някой прелюбодейства с чужда жена, т. е. ако някой прелюбодейства с жената на ближния си, да бъдат умъртвени и прелюбодеецът, и прелюбодейката."* В епохата на Новия завет, прелюбодейството се счита за грях, който унищожава тялото и душата и не позволява спасението на прелюбодееца.

„Или не знаете, че неправедните няма да наследят Божието царство? Не се заблуждавайте. Нито блудниците, нито идолопоклонниците, нито прелюбодейците, нито прелъстителите на юноши, нито хомосексуалистите, нито крадците, нито сребролюбците, нито пияниците, нито

хулителите, нито грабителите ще наследят Божието царство" (1 Коринтяни 6:9-10).

Бог може да прости и да даде възможност на вярващия с млада вяра да се покае ако е съгрешил в неведението си за истината, но за него е трудно да получи дори духа на разкаянието ако продължава да прелюбодейства, когото се предполага, че има зряла вяра и спазва Божията истина.

Левит 20:13-16 описва прегрешението на сексуалните връзки с животни и прегрешението на хомосексуалните връзки. В днешно време има страни, които законно признават хомосексуалните връзки, но това е отвратително за Бога. Някои хора ще кажат: „Времената се промениха", но Божието слово, което е истината, никога не се променя, независимо колко много се променя времето и независимо колко много се променя светът. Следователно, Божиите деца не трябва да се осверняват като следват тенденциите на този свят.

Прелюбодейство в мислите ни

Бог няма предвид само акта на прелюбодеянието, когато говори за прелюбодейството. Външният израз на изневярата е очевиден, но удоволствието от мислите или наблюдението на неморални актове също попадат в категорията на прелюбодейството.

Похотливите мисли подхранват сладострастието и това е случаят на прелюбодейство в сърцето ни. Дори и мъжът да не е направил нищо на дело, но прелюбодейства с една жена в сърцето си, Бог, който вижда дълбоко в сърцата ни, счита това за същото като физическия акт на прелюбодеянието.

В Матей 5:27-28 е записано: *„Чули сте, че е било казано: 'Не прелюбодействай.' Но Аз ви казвам, че всеки, който гледа жена, за да я пожелае, вече е прелюбодействал с нея в сърцето си."* Греховната мисъл се заражда в съзнанието на човека, след това завладява сърцето му и се проявява с действията. Едва когато омразата достигне сърцето на човека, той или тя започва да прави неща, които вредят на някого и едва когато гневът обхване сърцето на човека, той или тя се разгневяват и проклинат.

По подобен начин, похотливите желания в сърцето лесно могат да доведат до физическо прелюбодеяние. Дори и да не е очевидно, човек вече е съгрешил ако прелюбодейства в сърцето си, защото грехът има същия корен.

Един ден, през първата година на семинарията, бях потресен от разговора на група пастори. До този момент винаги обичах и уважавах пасторите и се отнасях с тях като с Господ, но в края на особено разгорещен спор, те стигнаха до следния извод: „Извършването на прелюбодейство в сърцето не е грях ако не е съзнателно."

Нима Бог не е знаел, че сме способни да спазим тази заповед, когато наредил: „Не прелюбодействай"? Исус обявил: „Всеки, който гледа жена, за да я пожелае, вече е прелюбодействал с нея в сърцето си", следователно трябва да отхвърлим тези сладострастни желания. Няма какво повече да се добави. Трудно е да направим това с нашите човешки сили, но с молитва и пости, ще получим сила от Бога, за да отстраним лесно страстта от сърцата си.

Исус носил корона от тръни и пролял кръвта Си, за да ни изчисти от греховете, които вършим в мислите и съзнанието си. Бог ни изпратил Светия дух, за да отхвърлим греховната природа от сърцето ни. Какво конкретно можем да направим, за да отстраним сладострастието от сърцата си?

Етапите на отхвърлянето на сладострастието от сърцата ни

Нека предположим например, че покрай Вас минава красив мъж или хубава жена и Вие мислите: „Уау, тя е красива" или „Той е красив", „Бих искал да изляза с нея" или „Бих искала да изляза с него." Малко хора биха счели тези мисли за похотливи или прелюбодейски. Признак на сладострастие е, когато някой произнася тези думи и наистина ги мисли. Трябва да преминем през процеса на усърдното противопоставяне на греха, за да отхвърлим дори тези признаци на похотливост.

Обикновено, колкото повече се опитвате да не мислите за нещо, толкова повече то изпъква в съзнанието Ви. Кадърът не излиза от главата Ви, след като видите образа на мъж и жена, които извършват неморален акт в един филм. Картината се появява в съзнанието Ви отново и отново. В зависимост от това колко дълбоко образът е заседнал в сърцето Ви, толкова по-дълго ще го помните.

Какво можем да направим, за да отхвърлим тези похотливи мисли от съзнанието си? Преди всичко, трябва да положим усилия, за да избягваме игрите, списанията и други изображения, които подтикват към похотливи мисли и да променим посоката на мислите, когато в съзнанието ни проникне похотлива идея. Нека да предположим, че в съзнанието Ви се появи сладострастна мисъл. Вместо да се отдадете на нея, трябва веднага да се опитате да я спрете.

Бог със сигурност ще Ви даде сили да устоите на изкушенията, когато замените мислите си с добри, истински и удовлетворяващи Бога и се молите непрекъснато за помощта Му. Ще получите Божието милосърдие и сила, когато имате желание и се молите със страст. Ще бъдете в състояние да отхвърлите греховните мисли с помощта на Светия дух.

Важното тук е да запомните, че не трябва да се отказвате след един или два опита, а да продължите да се молите с вяра докрай. Може да отнеме един месец, една година или дори две до три години, но колкото и да е дълго, винаги трябва да вярвате в Бога и да се молите непрекъснато. Бог тогава ще Ви даде силата един ден да победите и да отхвърлите сладострастието от сърцето си завинаги.

След като преминете фазата, когато можете да „Възпрете грешните мисли", ще навлезете в етапа, когато можете да „Контролирате сърцето си." На тази фаза, дори и да видите сладострастен образ, мисълта няма отново да обземе съзнанието Ви ако решите от сърце: „По-добре да не мисля за това." Прелюбодейството в сърцето произлиза от комбинацията между мислите и чувствата и ако контролирате мислите си, тогава греховете, които произлизат от тях, няма да навлязат в сърцето ви.

Следващият етап е, когато „нямате повече порочни мисли." Дори и да видите сладострастен образ, съзнанието Ви не се повлиява от него и порокът не може да навлезе в сърцето Ви. Следващият етап е, когато „Не можете да имате нечестиви мисли, дори и да искате."

Когато достигнете тази фаза, няма да имате сладострастни мисли, дори и да се опитвате. Вие сте изкоренили греха и у Вас не се събуждат порочни мисли или чувства, дори и да видите провокативно изображение. Това означава, че греховните или небожествени образи повече не могат да навлязат в съзнанието Ви.

Разбира се, възможно е докато преминавате през фазите на отхвърляне на пороците, грехът някакси да успее да се върне във Вас, дори и да считате, че сте отхвърлили всички порочни мисли.

Няма да се задържите на едно място по пътя на вярата си ако вярвате в Божието слово, имате желание да спазвате Неговите заповеди и отхвърлите греховете. Макар и да изглежда, че слоевете никога не свършват, когато сте обелили един или два слоя, само няколко слоя по-късно ще осъзнаете, че сте обелили всички слоеве.

Вярващите, които гледат на себе си с вяра, не се разочароват с мислите: "Толкова много се старая, но все още не мога да отстраня греховната ми природа." Вместо това вярват, че могат да се променят до такава степен, че да отхвърлят греховете. С такива мисли трябва да се стараят още повече. Трябва да сте благодарни, че сега имате възможност да се освободите от греховната природа ако осъзнавате, че я притежавате.

Не се тревожете ако сладострастната мисъл навлезе в съзнанието Ви за определено време докато преминавате през етапите на отхвърляне на греховете в живота. Бог няма да счита това за прелюбодейство. Това се превръща в голям грях, ако съсредоточите вниманието си върху порочната мисъл и я оставите да се развива, но Бог ще прояви милосърдие и ще Ви даде силата да победите греха ако се разкаете веднага и продължите старанията си, за да станете святи.

Извършването на духовно прелюбодейство

Извършването на прелюбодейство с тялото се счита за физическо прелюбодейство, но по-сериозно от него е духовното прелюбодейство. „Духовно прелюбодейство" е когато човек претендира, че вярва, но обича света повече от Бога. Основната причина, заради която човек извършва физическо прелюбодейство е, че той обича повече удоволствията на плътта, отколкото Бог в сърцето си.

Колосяни 3:5-6 гласи: *„Затова умъртвете природните си части, които действат за земята: блудство, нечистота, страст, пагубни похоти и сребролюбие, което е идолопоклонство; поради които идва Божият гняв върху рода на непокорните."* Склонни сме да обичаме повече нещата от света, вместо Бога ако не отхвърлим от сърцата си алчността и греховните желания, когато сме получили Светия дух, изпитали сме Божиите чудеса и притежаваме вяра.

Научихме от втората заповед, че духовната интерпретация на идолопоклонството е да обичаме нещо повече от Бога. Каква тогава е разликата между „Духовно идолопоклонство" и „духовно прелюбодеяние"?

Идолопоклонството е, когато хората, които не познават Бога, създават определен образ и го възхваляват. Духовната интерпретация на „идолопоклонство" е, когато вярващите със слаба вяра обичат нещата от света повече от Бога.

Някои нови вярващи все още имат слаба вяра и за тях е възможно да обичат света повече от Бога. Те имат въпроси като: „Наистина ли съществува Бог?" или „Наистина ли съществуват небето и адът?" Все още се съмняват и за тях е трудно да живеят според словото. Обичат парите, славата или семейството си повече от Бога и затова извършват духовно идолопоклонство.

Въпреки това, те слушат словото и започват да осъзнават, че Библията е истината докато се молят и изпитват Божиите отговори на молитвите им. Тогава са способни да вярват в съществуването на небето и ада. Впоследствие осъзнават причината, заради която наистина трябва да обичат Бога на първо място и най-много. Биха извършили „духовно прелюбодейство" ако вярата им расте по този начин и продължават да обичат и да се стремят към нещата на света.

Нека вземем примера с един мъж, който имал следните мисли: „Би било хубаво да се оженя за тази жена", но тя се омъжва за друг мъж. В този случай не можем да кажем, че жената е извършила прелюбодеяние, защото мъжът, който я пожелал, изпитвал увлечение към нея и тя нямала връзка с него. За да бъдем по-точни, жената била просто идол за сърцето на мъжа.

От друга страна, би могло да се счита за прелюбодейство ако мъжът и жената излизат заедно, потвърждават любовта си един към друг, сключват брак и след това жената има неморална връзка с друг мъж. Ето защо е видно, че духовното идолопоклонство и извършването на духовно прелюбодейство не означават едно и също, а представляват две напълно различни неща.

Връзката между израелтяните и Бога

Библията сравнява връзката между израелтяните и Бога с връзката между бащата и децата. Техните отношения могат да се сравнят с връзката между мъжа и жената, защото имат отношенията на съпрузи, които са дали обет за любов. Въпреки това, в историята на Израел ще видите много случаи, когато израелтяните забравяли за обета и възхвалявали чужди идоли.

Неевреите почитали идоли, защото не познавали Бога, но израелтяните възхвалявали чужди идоли заради себичните си желания, въпреки факта, че познавали Бога много добре от самото начало.

Ето защо в 1 Летописи 5:25 е записано: *„Но понеже те престъпваха против Бога на бащите си, като блудстваха след боговете на народите на онази земя, които Бог беше погубил пред тях"*, което означава, че идолопоклонството на израелтяните в действителност представлявало духовна изневяра.

Еремия 3:8 гласи: *„И видях, когато отстъпницата Израел прелюбодейства, и Аз по тази именно причина я напуснах и й дадох разводно писмо, но сестра й, невярната Юдея, пак не се уплаши, а отиде и тя да блудства."* В резултат от греха на Соломон, по време на царството на сина му Ровоам, Израел бил разделен на Северен Израел и Южна Юда. Малко след това разделение, хората в Северен Израел извършили духовно прелюбодейство чрез идолопоклонство и в резултат на това Бог се отказал от тях и ги унищожил с гнева Си. Хората в Юда, не се покаяли, а също продължили да идолопоклонстват, дори и след като видяли какво се случило с израелтяните от северната част.

Всички Божии деца, които живеят днес в епохата на Новия завет, са булки на Исус Христос. Ето защо апостол

Павел признал, че когато ставало въпрос за срещата с Господ, той работил усилено, за да подготви вярващите да бъдат чисти булки на Христос, който е техен съпруг (2 Коринтяни 11:2).

Вярващият извършва духовно прелюбодейство ако нарича Господ „Моят младоженец", докато продължава да обича света и да не спазва истината (Яков 4:4). Трудно простим и тежък грях е ако съпругът или съпругата предават своята половинка и извършват физическо прелюбодеяние. Колко по-ужасен е грехът на този, който предаде Бога и Господа и извърши духовно прелюбодейство?

В Еремия, глава 11, Бог казва на Еремия да не се моли за Израел, защото израелтяните не престанали да извършват духовни прелюбодейства и че нямало да чуе молитвите им, дори и да се обръщали за помощ към Него.

Човек няма да чуе гласа на Светия дух и молитвата му ще остане без отговор, независимо колко усърдно се моли, ако тежестта на духовната изневяра достигне определен предел. Колкото повече човек се отдалечава от Бога, толкова по-светски живее и в последствие извършва тежки грехове, които водят до смърт – грехове като физическото прелюбодеяние. Както е записано в Евреи, глава 6 или глава 10, това означава отново и отново да разпъваме Исус Христос на кръста и да вървим по пътя към смъртта.

Следователно, нека не съгрешаваме като извършваме прелюбодейство в духа, съзнанието, тялото и цялото ни поведение, да отговорим на изискванията, за да станем булки на Господ – чисти и неопетнени – да водим благословен живот, който носи радост на Бащиното сърце.

Глава 9
Осмата заповед

„Не кради"

Изход 20:15

„Не кради."

Спазването на Десетте заповеди е пряко свързано с нашето спасение и с нашата способност да преодолеем, да победим и да надвием силата на врага дявол и Сатаната. За израелтяните спазването или неспазването на Десетте заповеди определило дали да бъдат Божии избраници или не.

По подобен начин за нас, които сме станали Божии деца, спазването или неспазването на Божието слово определя дали да бъдем спасени, защото подчинението на Божиите заповеди създава стандарт за вярата ни. Спазването на Десетте заповеди е пряко свързано със спасението ни и те представляват също Божието отдаване на любов и благословии за нас.

„Не кради"

Една древна корейска поговорка гласи следното: „Крадецът на дребно става крадец на едро." Това означава, че ако някой извърши дребно престъпление, остане ненаказан и продължи да повтаря стореното, скоро може да извърши много по-сериозно престъпление с големи негативни последствия. Ето защо Бог ни предупреждава: „Не кради."

Това е разказ за един човек, наречен Фю Пю-чай, който бил привърженик на школата „Tsze-tsien" или „Tzu-chien", един от учениците на Конфуций и военачалник на Тан-фю в държавата Лу по време на китайската Chunqiu (пролет и есен) и военния период. Имало слухове, че войниците на съседната държава Ки щели да атакуват и Фю Пю-чай заповядал да се затворят плътно стените на царството.

Периодът съвпаднал със събирането на реколтата и земеделските ниви били готови за събиране на плодовете. Хората попитали: „Можем ли да приберем реколтата от полето преди да затворим стените и преди да дойде врагът?" Фю Пю-чай не уважил искането им и затворил стените. Хората започнали да го мразят и да говорят, че бил на страната на враговете, затова царят го повикал за разговор. Той го попитал за действията му и Фю Пю-чай отговорил: „Да, за нас е голяма загуба ако врагът ни отнеме реколтата, но ако хората свикнат прибързано да прибират реколтата от чужди полета, ще бъде трудно да ги отучим дори и след десет години." С това твърдение, Фю Пю-чай заслужил царското уважение и възхищение.

Фю Пю-чай можел да позволи на хората да съберат реколтата, както искали, но ако те свикнели да оправдават кражбата си от чуждо поле, това щяло да доведе до пагубни последствия в бъдеще за хората и за царството. „Да крадеш" означава да си послужиш с нещо по неправилен начин; да вземеш нещо, което не е твоя собственост или тайно да си присвоиш нечии имот.

„Кражбата", за която говори Господ, има по-задълбочено и по-широко духовно тълкуване. Какво представлява значението на „кражбата" в осмата заповед?

Отнемане на чуждите притежания: физическата дефиниция на кражбата

Библията изрично забранява кражбата и установява ясни правила за това, което трябва да се направи, когато някой краде (Изход 22).

Крадецът трябва да изплати на собственика стойността на стоката в двоен размер ако откраднатото животно се намери живо в негово притежание и в петкратен размер стойността на вола и в четирикратен размер стойността на овцата ако убие или продаде откраднатото животно. Отнемането на чужда собственост означава кражба, което дори обществото осъжда като престъпление и налага определени наказания, независимо колко малък е обектът на кражбата.

Освен очевидните случаи на кражба, понякога хората могат да откраднат от небрежност. Например, в нашето ежедневие имаме навика да използваме чуждите притежания без да питаме и без много да се замисляме. Възможно е дори да не се почувстваме виновни за тяхното използване без разрешение, защото сме техни близки или предметите, които използваме, нямат голяма ценност.

Същото е, когато използваме без разрешение принадлежностите на половинката ни. Дори и в неизбежна ситуация, ако използваме нечии принадлежности без разрешение, трябва да ги върнем на мястото им веднага щом свършим с тях. Въпреки това, често пъти изобщо не ги връщаме.

Това не само причинява нечий загуби, но е проява на неуважение към човека. Това е кражба в очите на Бога, дори и да не се счита за сериозно престъпление според обществените закони. Човек ще се почувства виновен ако наистина има чиста съвест и вземе нещо – независимо колко малко или скъпоценно – от някого без разрешение.

Дори и да не откраднем и да не вземем нещо насила, пак се счита за кражба ако се сдобием с притежанията на някого по незаконен начин. Възползването от нашата позиция или сила, за да получим подкуп, също може да попадне в тази категория. Изход 23:8 предупреждава: „Да не приемаш подкупи, защото подкупите заслепяват зрящите и изкривяват думите на праведните."

Търговците с добри сърца ще се чувстват виновни, когато продават стоката си прекалено скъпо на клиентите, за да извлекат по-голяма печалба. Въпреки че не са откраднали тайно притежанията на някого, този акт все още се счита за кражба, защото са получили повече от това, което им се полага.

Духовна кражба: отнемане на това, което принадлежи на Бога

Освен „кражбата", когато отнемаме нещо на някого без разрешение, съществува „духовна кражба", когато отнемаме от Бога без разрешение. Това наистина може да се отрази на възможността ни да получим спасение.

Юда Искариотски, един от учениците на Исус, отговарял за разпределението на всички дарения, които хората правили, когато били излекувани или благословени от Исус. С течение на времето, алчността завладяла сърцето му и той започнал да краде (Йоан 12:6).

В Йоан, глава 12, където Исус посетил къщата на Симон във Витания, срещаме сцена, в която една жена помазала нозете на Исус с миро. Юда я порицал и я попитал защо не продала мирото, за да раздаде парите на бедните. Ако скъпият парфюм бил продаден, тогава той, като пазител на касата, можел да си вземе от парите, но мирото било намазано по нозете на Исус и за него били пари, хвърлени на вятъра.

В крайна сметка Юда, който станал роб на парите,

продал Исус за тридесет сребърника. Въпреки че имал възможността да се прослави като ученик на Исус, той крадял от Бога и продал учителя си, натрупвайки грехове. За съжаление, не успял да получи дори духа на разкаянието преди да отнеме живота си и да завърши злочесто (Деяния 1:18).

Ето защо ще разгледаме по-подробно какво се случва, когато крадем от Бога.

Първият случай е, когато някой посегне на църковните средства.

Крадецът не може да не изпитва страх в сърцето си ако открадне от църквата, дори и да не е вярващ. Как би могъл вярващият да каже, че притежава вяра, за да получи спасение ако посегне на Божиите пари?

Дори и хората никога да не разберат, Бог вижда всичко и когато дойде времето, ще отсъди справедливо и ще накаже крадеца за греховете му. Колко ужасно би било ако крадецът не е в състояние да се покае за греховете си и умре без да получи спасение? По това време ще бъде прекалено късно, независимо колко се бие в гърдите и съжалява за действията си. Той не трябвало изобщо да посяга на Божиите пари от самото начало.

Вторият случай е, когато някой злоупотребява с църковните принадлежности или използва неправилно парите на църквата.

Дори и човек да не е откраднал пряко от църковните дарения, използването на пари, събрани от членски вноски или други дарения за лично използване, също е кражба от Бога. Кражба е също закупуването на канцеларски материали или офис оборудване с парите на църквата и използването му за лични нужди.

Изразходването на църковни средства, прибирането на църковни пари за закупуването на продукти и използването на рестото за свои цели, вместо връщането му в църквата, неблагоразумното използване на църковния телефон, електричество, съоръжения, мебели или друго оборудване за лични цели, също са форми на злоупотреба с църковни пари.

Трябва също да внимаваме децата да не смачкат и да не скъсат пликовете с даренията, църковните бюлетини или вестници за забавление или игра. Някой може да си помисли, че това са дребни и незначителни неща, но на духовно равнище, това означава кражба от Бога и тези постъпки могат да се превърнат в бариера от грях между нас и Бога.

Третият случай е кражбата на десятъци и дарения.

Малахия 3:8-9 гласи: *„Ще краде ли човек от Бога? Вие, обаче, Ме крадете. И казвате: В какво Те крадем? В десятъците и в приносите. Вие сте наистина проклети, защото вие – да! – целият този народ, Ме крадете."*

Отдаването на десятък означава да даряваме на Бога една десета част от печалбите ни, като доказателство за нашето разбиране, че Той е Управителят на всички материални неща и контролира всичко в живота ни. Ето защо ние крадем от Господ и в живота ни ще настъпи нещастие ако твърдим че вярваме в Бога, но не плащаме десятъци, Това не означава, че Бог ще ни прокълне. Това означава, че когато Сатаната ни обвини за прегрешението ни, Бог няма да може да ни защити, защото в действителност, ние нарушаваме Божиите духовни закони. Следователно, можем да изпитаме финансови проблеми, изкушения, внезапни нещастия или болести.

Както е записано в Малахия 3:10: *„Донесете всички десятъци в съкровищницата, за да има храна в дома Ми, и Ме опитайте сега за това, казва Господ на Силите, дали няма да ви разкрия небесните отвори да излея благословение върху вас, така че да не стига място за него."* Ще получим обещаните Божии благословии и закрила, когато даваме редовно десятъци.

Някои хора не получават Божията закрила, защото не

плащат пълната сума на десятъците. Без да отчитат други източници на приход, хората изчисляват десятъците на основата на нетната, вместо на брутната си заплата и това е след като извадят всички удръжки и данъци.

Правилният десятък е отдаването на Бога на една десета от общия приход. Приход от страничен бизнес, финансови подаръци, покани за обяд или подаръци, всички те са лични постъпления, затова трябва да изчислим една десета част от стойността на всички видове печалби и да платим съответния десятък и за тях.

В някои случаи, хората изчисляват своя десятък, но го предлагат на Бога като друг вид дарение като мисионерски принос или дарения от добра воля. Това също се счита за кражба от Бога, защото не е правилния десятък. Използването на църковните дарения се решава от финансовия отдел на църквата, но от нас зависи да отдаваме правилно десятъка.

Можем да правим също дарения като израз на благодарност. Божиите деца имат толкова много причини да бъдат благодарни. С подаръка за спасението можем да идем на небето, с различни задължения в църквата можем да получим награди на небето и докато живеем тук на земята, получаваме винаги Божията закрила и благословия и затова трябва да бъдем много благодарни!

Ето защо всяка неделя заставаме пред Бога с различни

благодарствени дарения, за да благодарим, че Бог ни е закрилял още една седмица. По време на библейски празници или поводи, когато имаме специална причина да благодарим, ние отделяме специален подарък, за да го предложим на Бога.

В нашите отношения с други хора, когато някой ни помага или ни служи по специален начин, ние не само изпитваме благодарност в сърцата ни; ние искаме да му дадем нещо в замяна. По същия начин, напълно естествено е да искаме да предложим нещо на Господ, за да Му покажем нашата признателност за това, че ни закриля и подготвя небето за нас (Матей 6:21).

Човек все още е алчен за материални неща ако твърди, че притежава вяра, но е стиснат за Бога. Това показва, че той обича материалните неща повече от Господ. Ето защо Матей 6:24 гласи: *"Никой не може да слугува на двама господари, защото или ще намрази единия, а ще обикне другия, или към единия ще се привърже, а другия ще презира. Не можете да слугувате на Бога и на мамона!"*

За нас е много по-лесно да изостанем във вярата ни, отколкото да се движим напред ако сме зрели Християни и въпреки това обичаме материалните притежания повече от Бога. Милосърдието, което някога сме получили, става далечен спомен, причините да бъдем благодарни намаляват и преди да го осъзнаем, вярата ни избледнява дотолкова, че е застрашена възможността ни да се спасим.

Бог е доволен с аромата на дарението на истинската благодарност с вяра. Хората имат различна степен на вяра, Бог познава ситуацията им и вижда вътрешното сърце на всекиго. Ето защо, размерът или сумата на даренията не са важни за Него. Не забравяйте, че Исус похвалил жената, която дарила две дребни монети, които били всичко, което имала (Лука 21:2-4).

Когато удовлетворяваме Бог по този начин, Той ни благославя с толкова много благословии и причини да бъдем благодарни, че даренията, които правим, са несравними с благословиите, които получаваме. Бог прави така, че душата ни да преуспява и ни благославя, за да имаме още повече причини, за да бъдем благодарни. Бог ни благославя тридесет, шестдесет и сто пъти повече от даренията, които правим за Него.

Започнах веднага да се подчинявам, след като приех Христос и научих, че трябва да давам точен десятък и дарения на Бога. Бях натрупал огромни дългове по време на седемте години, в които боледувах, но предложих на Бога всичко, което имах, защото бях благодарен за това, че ме излекува от болестите. И двамата със съпругата ми работихме, но едва успявахме да изплатим лихвите по дълга. Въпреки това, никога не ходихме на служба с празни ръце.

Вярвахме във всемогъщия Бог и спазвахме Неговото слово и Той ни помогна да изплатим огромния дълг само за няколко месеца. С течение на времето, изпитахме безкрайните благословии на Бога и бяхме способни да живеем пълноценно.

Четвъртият случай е кражбата на Божието слово.

Кражбата на Божиите думи означава да проповядваме фалшиви пророчества от Божие име (Еремия 23:30-32). Например, има хора, които крадат словото Му като казват, че са чули гласа на Бога и говорят за бъдещето като предсказатели или казват на някого, чийто бизнес е пред фалит: „Бог направи така, че да фалираш, защото трябва да станеш пастор, а не да се занимаваш с бизнес."

Счита се също за кражба на Божието слово, когато някой има сън или визия, която произлиза от собствените му мисли и казва: „Бог ми изпрати този сън" или „Бог ми даде тази визия." Това също попада в категорията на злоупотребата с Божието име.

Разбира се, разбирането на Божията воля чрез делото на Светия дух и известяването на Божията воля е хубаво, но за да го правим правилно, трябва да проверим дали Бог ни приема. Бог не говори на всички, а само на онези, които нямат злини в сърцето си. Ето защо трябва да сме сигурни, че по никакъв начин не крадем Божието слово докато сме обзети от собствените си мисли.

В противен случай, трябва да се погледнем критично ако имаме угризения на съвестта, изпитваме срам или смущение, когато вземаме или правим нещо. Причината да имаме угризения на съвестта е, че сме взели нещо, което не ни принадлежи заради собствените ни интереси и Светият дух в нас скърби.

Например, нормално е да изпитваме угризения на съвестта дори и да не откраднем един предмет, ако претендираме, че имаме добро сърце, но получаваме надница след като сме мързелували или не сме изпълнили определена задача или задължение, които са ни възложили в църквата.

Също така, един вярващ краде време ако е посветен на Бога, но се занимава с други неща и причинява загуба на време за Божието царство. Трябва да сме сигурни, че сме коректни не само спрямо Бога, но също в работата или в неформалните отношения, за да не вредим на другите като им губим времето.

Необходимо е винаги да внимаваме и да се вглеждаме в себе си, за да сме сигурни, че по никакъв начин не извършваме прегрешението на кражбата; че сме отхвърлили егоизма и алчността от разума и сърцата ни; че се стремим да постигнем истинско и добро сърце пред Бога с чиста съвест.

Глава 10
Деветата заповед

"Не свидетелствай лъжливо против ближния си"

Изход 20:16

„Не свидетелствай лъжливо против ближния си."

Събитията се случили през нощта, когато Исус бил задържан. Петър седял в двора докато разпитвали Исус и една прислужница му казала: „И ти беше с Исус Галилеянина." Петър изненадано отговорил: „Не разбирам какво говориш" (Матей 26).

Петър не се отрекъл истински от Исус от дъното на сърцето си, а излъгал от внезапен страх. Малко след това, излязъл навън, заровил глава в земята и заплакал горчиво. По-късно, когато Исус носил кръста към Голгота, Петър Го следвал едва отдалеч, засрамен и неспособен да вдигне глава.

Всичко това се случило преди да получи Светия дух, но заради тази лъжа не си позволил да бъде разпънат в изправено състояние като Исус. Дори и след като приел Светия дух и посветил целия си живот на Неговото духовенство, той бил толкова засрамен за това, че се отрекъл от Исус, че доброволно бил разпънат на кръст с главата надолу.

„Не свидетелствай лъжливо против ближния си"

В своето ежедневие, човек изговаря множество важни и незначителни думи: някои от тях са безсмислени, а други са злонамерени, за да излъжат или да наранят някого.

Лъжите са неправедни думи, които се отклоняват от истината. Въпреки че не го признават, много хора всеки ден разказват безкраен брой лъжи – малки и големи. Някои хора гордо заявяват: „Аз не лъжа", но преди да се усетят, неволно застават върху планина от лъжи.

Мръсотията, неприличието и безредието не се забелязват в тъмнината, но дори и най-малката прашинка или петънце изпъкват ясно ако светлината изпълни стаята. Бог, който е самата истина, е като светлината и Той вижда много хора да лъжат непрестанно.

Бог ни казва в деветата заповед да не свидетелстваме лъжливо против ближния ни. Тук „ближният" означава родители, братя, деца – всички, които са различни от нас. Нека разгледаме как Бог дефинира „лъжливо свидетелстване" в три части.

Първо, „Лъжливото свидетелстване" означава да говорите за ближния си по неправеден начин.

Лъжливото свидетелстване може да бъде много ужасяващо, например, по време на съдебни процеси. Показанията на един свидетел засягат пряко крайното съдебно решение, затова най-дребната лъжа може да предизвика злочестието за невинен човек и въпросът за него може да стане на живот и смърт.

С цел предотвратяване на свидетелските показания или

практиката на лъжливото свидетелстване, Бог заповядал съдиите да изслушват няколко различни свидетели, за да разберат добре всички аспекти на случая и да вземат правилни и адекватни решения. Ето защо Той заповядал свидетелите и съдиите да правят това предпазливо и благоразумно.

Във Второзаконие 19:15 Бог казва: *„Само един свидетел да не застава против някого за каквото и да е беззаконие или за каквото и да е престъпление, което би извършил; а чрез думите на двама свидетели или чрез думите на трима свидетели да се установява всяко дело"* и продължава в стих 16-20: *„ако свидетелят е лъжлив и свидетелства лъжливо против брат си, тогава да го накажат с това, което мислил да направи на брат си."*

Освен сериозни примери като този, когато някой причинява големи загуби за друг човек, има множество други случаи, когато хората разпространяват лъжи за ближния си в ежедневния живот. Дори и човек да не излъже за ближния си, премълчаването на истината в ситуация, в която трябва да го защити, също се счита за лъжливо свидетелстване.

Как бихме могли да имаме чиста съвест, когато друг човек е обвинен за нашето прегрешение и ние не казваме нищо от страх да не пострадаме? Да, Бог ни заповядва да не лъжем, но Той ни заповядва също да имаме честни сърца, за да може думите и делата ни да отразяват също истина и праведност.

Какво мисли Бог за „малките бели лъжи", които казваме, за да утешим някого или да го накараме да се чувства по-добре"?

Например, може да посетим приятел и той да ни попита: „Ял ли си?" Дори и да не сме яли, ние казваме: „Да, ядох", за да не го притесняваме. Въпреки това, в този случаи също трябва да кажем истината: „Не, не съм ял, но не искам да се храня точно сега."

Дори в Библията има примери на „малки бели лъжи."

Изход, глава 1 представя сцена, в която царят на Египет се притеснил, защото израелтяните увеличили многократно броя си и постановил специална заповед за еврейските акушерки: *„Когато бабувате на еврейките и видите, че раждат, ако родят син, убивайте го, но ако родят дъщеря, тогава нека живее"* (стих 16).

Еврейските акушерки се страхували от Бога, не послушали египетския цар и запазили живота на мъжките рожби. Когато царят събрал акушерките и ги попитал: „Защо оставяте живи мъжките деца?", те отговорили: „Защото еврейските жени не са като египетските жени;

защото са пъргави и раждат преди бабите да дойдат при тях."

Саул, първият израелски цар, завидял на Давид и се опитал да го убие, защото хората го обичали повече от него, но собственият му син Джонатан го излъгал, за да спаси живота на Давид.

Бог няма веднага да упрекне хората и да каже: „Ти излъга", когато лъжат за нечие добро, водени от добра воля, а не от собствените си егоистични подбуди. Така, както постъпил с еврейските акушерки, Той ще им покаже милосърдието си, защото се опитвали да спасят човешки живот с добри намерения. Хората ще докоснат сърцето на противника или на човека, с когото общуват без да прибягват до „малки бели лъжи", когато достигнат равнище на съвършена праведност.

Второ, добавянето или премълчаването на думи, когато предаваме едно послание, също е друга форма на лъжливо свидетелстване.

Това е случаят, когато предавате едно послание за някого по начин, който изопачава истината – може би защото сте добавили собствени мисли или чувства или сте пропуснали определени думи. Повечето хора слушат пристрастно, когато някой им казва нещо и начинът, по който приемат информацията зависи в голяма степен от собствените им чувства и минал опит. Ето защо, лесно може да се загуби смисъла, вложен от автора на посланието, когато информацията се предава от един на друг.

Смисълът на посланието ще се промени неизбежно ако всяка една дума – включително пунктуацията – са предадени точно, в зависимост от тона на вестителя или от наблягането на определени думи. Например, има голяма разлика, когато някой с любов пита приятеля си: „Защо?" и някой, който с жесток израз на лицето крещи на врага си: „Защо?!"
Винаги трябва да се стремим да разберем какво казват другите, независимо от вложените в информацията лични чувства. Същото правило се отнася, когато говорим ние. Трябва да направим всичко възможно, за да предадем точно първоначалното послание на автора, истинския смисъл, който е вложил и т.н.

По-добре е изобщо да не предаваме съдържанието на съобщението ако не е достоверно или не помага на слушателя, дори и да можем да го предадем точно и с добри намерения, за да не се почувства другата страна обидена или наранена и да не предизвикаме разногласие между хората.

Матей 12:36-37 гласи: „*И ви казвам, че за всяка празна дума, която кажат човеците, ще отговарят в деня* на съда. *Защото от думите си ще се оправдаеш и от думите си ще се осъдиш.*" Трябва да избягваме думи, които не са праведни и не произтичат от любовта в Бога, когато говорим и когато слушаме другите.

Трето, осъждането и критикуването на ближните без действително да разбираме сърцето им, също е форма на лъжливо свидетелстване против тях.

Много често хората осъждат нечие сърце или нечии намерения само от изражението или действията им, въз основа на собствените си мисли и чувства и казват: „Той сигурно каза това, имайки предвид следното" или „Той със сигурност е имал такива намерения, след като е действал по този начин."

Представете си, че младият работник не бил много любезен със своя ръководител, защото се вълнувал от новата обстановка. Възможно е ръководителят му да си помисли: „Новият работник не се чувства добре с мен, защото го критикувах преди няколко дни." Това е погрешно разбиране от страна на ръководителя на основата на неговите представи. Случва се човек да подмине някого без да го забележи, защото се е замислил или недовижда и другият да си помисли: „Държи е сякаш изобщо не ме познава! Чудя се дали ми е ядосан."

Друг човек в същата ситуация изобщо не реагира еднакво. Хората имат свои мисли и чувства и реагират различно в определени обстоятелства. Всички разполагат с индивидуални възможности за преодоляването на едни и същи трудности. Ето защо, не трябва да критикуваме някого според личните ни критерии, когато страда и да съдим според собствената ни поносимост към болката: „Защо вдига толкова шум за нищо?" Не е лесно да разберем напълно сърцето на друг човек – дори и наистина да го обичаме и да сме близки с него.

В много случаи хората осъждат погрешно или не разбират правилно другите, разочароват се от тях и накрая ги упрекват, защото ги преценяват според своите лични критерии. Ние свидетелстваме лъжливо за някого ако го съдим според собствените ни стандарти, очакваме определена нагласа и говорим лошо за него. Отново извършваме греха на лъжливото свидетелстване срещу ближния ни ако действаме по този начин, говорим неистини и допринасяме за осъждането и упрекването на определен човек.

Повечето хора мислят, че другите биха направили същото ако те самите са реагирали лошо в определена ситуация. Сърцето им е измамно и считат, че другите хора също лъжат. Имат лоши мисли, когато виждат определена ситуация или сцена и са убедени, че другите също мислят лошо. Самите те презират другите и считат, че и другите ги презират и мамят.

Ето защо в Яков 4:11 е записано: „*Не се одумвайте един друг, братя; който одумва брат или съди брат си, злослови закона и съди закона; а ако съдиш закона, не си изпълнител на закона, а съдия.*" Човек е горд и иска да бъде съдник като Бога ако осъжда или клевети ближния си.

Важно е да знаем, че грехът ни е много по-тежък ако обсъждаме слабостите на ближния си и го осъждаме. Матей 7:1-5 гласи: „*Не съдете, за да не бъдете съдени. Защото с каквото отсъждане съдите, с такова ще ви съдят; и с каквато мярка мерите, с такава ще ви се мери. И защо гледаш съчицата в окото на брат си, а не забелязваш гредата в своето око? Или как ще кажеш на брат си: Остави ме да извадя съчицата от окото ти; а ето гредата в твоето око? Лицемерецо, първо извади гредата от своето око и тогава ще видиш ясно, за да извадиш съчицата от окото на брат си.*"

Трябва да внимаваме също да не осъждаме Божието слово според собственото ни мнение. Невъзможното за хората е възможно за Бога, затова, никога не трябва да казваме, че Божието слово не е вярно.

Лъжа чрез преувеличаване или премълчаване на цялата истина

Без да имат лоши намерения, хората ежедневно са склонни да преувеличават или да премълчават цялата истина. Например, ако някой е ял много, казваме: „Той изяде всичко" и когато остане малко храна, казваме: „Не остана нито една троха!" Понякога виждаме трима или четирима души да спорят за нещо и казваме: „Всички се съгласиха с това."

Това, което много хора считат за истина, в действителност е лъжа. В някои ситуации говорим без реално да познаваме фактите и в резултат на това лъжем.

Например, нека предположим, че някой ни пита колко служители има в определена фирма и ние отговорим: „Има толкова хора", но по-късно установяваме, че броят им е различен. Въпреки че не е съзнателно, това, което сме казали пак е лъжа, защото не съответства на истината. По-добре би било в този случай да отговорим: „Не знам точния брой, но мисля, че има толкова хора."

Разбира се в подобни обстоятелства ние не сме имали намерението да излъжем с греховни подбуди или да осъждаме другите със злонамерени сърца. Въпреки това, би била добра идея да стигнем до източника на проблема ако видим дори и най-малкия признак за подобни мисли и действия. Човекът, чието сърце е изпълнено с истината, няма да добави или да скрие нещо, независимо колко дребно.

Праведният и искрен човек приема истината за истина и я предава такава, каквато е. Ето защо, сърцето ни все още не е изпълнено изцяло с истината, ако установим, че казаното от нас не е абсолютно вярно, независимо колко дребни и маловажни са фактите. Това означава, че сме напълно способни да излъжем за някого и да му навредим ако попаднем в опасна за живота ни ситуация.

Както е записано в 1 Петрово 4:11: *„Ако говори някой, нека говори като такъв, който прогласява Божии слова"*, трябва да се стараем да не лъжем и да не се шегуваме с греховни думи. Винаги трябва да говорим праведно, сякаш произнасяме Божието слово, независимо какво искаме да кажем. Ще постигнем това със страстни молитви и с помощта на Светия дух.

Глава 11
Десетата заповед

„Не пожелавай къщата на ближния си"

Изход 20:17

„Не пожелавай къщата на ближния си, не пожелавай жената на ближния си, нито слугата му, нито слугинята му, нито вола му, нито осела му, нито каквото и да е притежание на ближния ти."

Знаете ли приказката за гъската, която снесла златни яйца, една от известните басни на Езоп? Едно време в едно малко село живял земеделец, който се сдобил със странна гъска. Чудил се какво да прави с нея, когато се случило нещо удивително.

Всяка сутрин гъската започнала да снася по едно златно яйце и фермерът решил: „Сигурно в гъската има много златни яйца." Фермерът изведнъж станал алчен и поискал голямо количество злато, за да забогатее бързо, вместо да чака всеки ден да получава по едно яйце.

Алчността му нараснала дотолкова, че разрязал гъската, но в нея нямало никакво злато. Фермерът разбрал, че сгрешил и съжалил за стореното, но вече било прекалено късно.

Човешката ненаситност няма граници. Океанът не може да се изпълни, независимо колко реки се вливат в него. Същото е и с човешката алчност. Човек никога не е напълно задоволен, независимо какво притежава. Виждаме това всеки ден. Когато алчността на някого стане толкова голяма, той не само не е доволен от това, което има, но става ненаситен и се опитва да притежава това, което имат другите, дори и ако налага да използва порочни методи. По този начин накрая извършва тежък грях.

„Не пожелавай къщата на ближния си"

Да „пожелаваме" нещо означава да искаме нещо, което не ни принадлежи, да се опитваме да се сдобием с чуждата собственост по неправедни начини или да имаме сърце, което ламти за всички плътски неща на този свят.

Повечето престъпления се зараждат от алчно сърце. Лакомията кара хората да лъжат, да крадат, да мамят, да присвояват незаконно, да убиват и да извършват всякакви видове престъпления. В някои случаи хората ламтят не само за материални неща, но и за положение и слава.

Такива алчни сърца пораждат враждебни отношения между братята и сестрите, между децата и родителите и дори между съпрузите. Роднините стават врагове, ревнуват и завиждат на тези, които имат повече от тях, вместо да водят щастлив живот в истината.

Ето защо чрез десетата заповед, Бог ни предупреждава за лакомията, която поражда грях и ни напомня да мислим *„за горното"* (Колосяни 3:2). Ще намерим истинска удовлетвореност и щастие и ще отхвърлим алчността само, когато търсим вечен живот и сърцата ни са изпълнени с надежда за небето. Лука 12:15 гласи: *„Внимавайте и се пазете от всяко користолюбие; защото животът на човека не се състои в изобилието на имота му."* Както

Исус казва, само когато отхвърлим користолюбието, можем да се пазим от греховете и следователно да имаме вечен живот.

Процесът, в който пожелаването се проявява под формата на грях

Как жаждата се превръща в греховно деяние? Нека да предположим, че посещавате изключително богат дом. Къщата е изградена от мрамор и е огромна. Тя е изпълнена с всякакви луксозни предмети, достатъчно, за да възкликнете: „Тази къща е прекрасна. Наистина е красива!"

Много хора няма да се задоволят само с това изказване и ще продължат в мислите си: „Иска ми се да имам такава къща. Бих искал и аз да бъда толкова богат като този човек..." Разбира се, истинските вярващи няма да позволят тази мисъл да се роди в съзнанието им като идея за кражба, но алчността може да завладее сърцето чрез подобно мислене: „Бих искал да имам същото."

Въпрос на време е да извършим грях ако алчността завладее сърцето. В Яков 1:15 е записано: „*И тогава страстта зачева и ражда грях, а грехът, като се развие напълно, ражда смърт.*" Някои вярващи извършват престъпление, завладяни от силно желание или лакомия.

В Исус Навиев, глава 7, четем за Ахан, който е обладан от алчност и постига смъртно наказание. Исус Навиев поел лидерството вместо Моисей и ръководил завладяването на Ханаанската земя. Израелтяните тъкмо обсадили град Йерихон. Исус Навиев предупредил хората си, че всичко, завзето от Йерихон, принадлежало на Бога и никой не трябвало да слага ръка върху него.

Ахан намерил скъпа дреха с малко сребро и злато, поискал ги за себе си и ги скрил. Исус Навиев не знаел за това и продължил към завладяването на Гай. Това бил малък град и израелтяните очаквали да го превземат бързо, но за голямо тяхно учудване, претърпели поражение. Господ обяснил на Исус Навиев, че това се дължало на греха на Ахан. В резултат на това, не само Ахан, но и цялото му семейство – дори добитъкът му – трябвало да умре.

В 4 Царе, глава пета, четем за Гиезий, слугата на Елисей, който също се разболял от проказа, защото пожелал неща, които не трябвало. Военачалникът Нееман се изкъпал седем пъти в река Йордан, за да се изчисти от проказата според съвета на Елисей. Излекувал се и искал да му подари нещо в знак на признателност, но Елисей не искал да получи нищо.

Нееман пътувал на път за в къщи, когато Гиезий се затичал след него, престорил се, че го пращал Елисей и помолил за някои стоки, които приел и скрил. След това се върнал при Елисей и се опитал да го измами, но Елисей знаел какво правил от самото начало и Гиезий получил проказата, която имал Нееман.

Същият бил случаят с Анания и съпругата му Сапфира от Деяния, глава пета, които продали част от имота си и обещали да отдадат на Бога получените пари. Сърцата им се променили, когато видяли парите в ръцете си и скрили една част за себе си, а останалата дали на апостолите. Водени от своята алчност, те се опитали да измамят апостолите, но това било все едно да излъжат Светия дух, затова душите им ги напуснали и двамата умрели на място.

Алчните сърца водят до смърт

Алчността е голям грях, който накрая води до смърт. Ето защо за нас е жизнено важно да отхвърлим скъперничеството от сърцата си, както и изкушенията и ненаситността, които ни карат да пожелаваме плътските неща от този свят. Какво хубаво има в това да спечелите всичко, което искате в целия свят, но да загубите живота си?

Дори и да нямате всички богатства на този свят, вие в действителност сте богат човек ако вярвате в Господ и водите праведен живот. Както научаваме от притчата за богатия мъж и за просяка Лазар в Лука, глава 16, истинската благословия е да получим спасение след като отхвърлим алчността от сърцата ни.

Богатият мъж, който не вярвал в Бога и нямал надежда за небето, водил прекрасен живот – носил скъпи дрехи, задоволявал светската си ненаситност и се веселял. От друга страна, просякът Лазар се молил на вратата на богаташа. Животът му бил много мизерен и дори кучетата идвали да лижат раните по тялото му. Въпреки това, дълбоко в сърцето си, той обичал Бога и винаги се надявал за небето.

Накрая и двамата умрели. Просякът Лазар бил отнесен от ангелите до Авраам, а богатият мъж отишъл в Гроба, където се измъчвал. Той изпитвал огромна жажда от страданията и от огъня, но не му се полагала нито капка вода.

Представете си, че богатият мъж имал втора възможност да живее тук на земята? Вероятно би избрал да получи вечен живот на небето, дори и това да означава да живее бедно на този свят. Човек също ще получи благословиите за материално богатство докато живее на земята ако води много беден живот тук, като Лазар, ако научи как да се страхува от Бога и живее в светлината.

Бащата на вярата, Авраам, искал да купи пещерата Махпелах, за да погребе там Сара, починалата си съпруга. Собственикът на пещерата пожелал да я даде безплатно, но Авраам отказал да я вземе без пари и заплатил цялата цена, защото в сърцето му нямало никаква алчност. Той дори не си помислил да я притежава ако не му била собственост (Битие 23:9-19).

Авраам обичал Бога и спазвал словото Му; водил честен и праведен живот. Ето защо по време на своя земен живот получил не само благословиите за материално богатство, но и благословиите за дълголетие, слава, могъщество, наследници и т.н. Получил дори духовната благословия да бъде наречен „приятел на Бога."

Духовните благословии превъзхождат всички материални благословии

Хората понякога питат любопитно: „Този човек изглежда много добър вярващ. Защо не получава никакви благословии?" Бог ще благослови човека с най-добрите неща ако е истински последовател на Христос и всеки ден живее с истинска вяра.

Както е записано в 3 Йоаново 1:2: *„Възлюбени, моля се да благоуспяваш във всичко и да си здрав, както благоуспява душата ти."* Преди всичко друго, Бог ни благославя за благополучието на душата ни. Той със сигурност ще ни благослови, за да бъде всичко добре с нас, включително да бъдем в добро здраве ако живеем като свети деца на Бога, отхвърлим злото от сърцата си и спазваме Неговите заповеди.

Не е Божия благословия ако някой привидно получава много материални облаги, но душата му не просперира. В този случай богатствата ще да подбудят алчността му. Тя ще породи грехове и той накрая ще се отдалечи от Бога.

Хората могат да разчитат на Бога с чисти сърца и да Му служат съвестно с любов, когато условията са трудни. Въпреки това, много често, след като получат материални благословии в бизнеса или в работата, сърцата им пожелават повече светски неща, извиняват се, че са прекалено заети и се отдалечават от Бога. Отдават десятък с благодарност и от все сърце, когато доходите или печалбите им са ниски, но сърцата им лесно се разколебават, когато приходите им нарастнат и десятъкът им също нараства. Отдалечаваме се от Божието слово и накрая ставаме като хората от мирянския свят ако сърцата ни се променят по този начин. Благословиите, които сме получили тогава ще се превърнат в нашето нещастие.

Хората с просперираши души няма да желаят светски неща и няма да станат алчни за повече, дори и да получават благословии за почести и богатство от Бога. Няма да негодуват или да се оплакват само защото нямат хубави неща на този свят и ще искат да предложат на Бога всичко, което имат – дори живота си.

Хората с просперираши души ще пазят вярата си и ще

служат на Бога, независимо от обстоятелствата, в които се намират, използвайки благословиите, които получават от Бога само за Неговото царство и величие. Хората с проспериращи души нямат ни най-малко желание да се стремят към светски удоволствия, да търсят веселия или да вървят по пътя към смъртта, затова Бог ще ги благослови щедро и дори повече. Ето защо духовните благословии са много по-важни от физическите благословии на този свят, които се разсейват като мъглата. Следователно, преди всичко друго, трябва да получим духовни благословии.

Никога не трябва да търсим Божиите благословии, за да задоволим светски желания

Бог ще ни възнагради, когато настъпи времето ако продължим да вървим по пътя на праведността и Го търсим с вяра, дори и да не сме получили духовните благословии за благополучието на душата ни. Хората се молят нещо да се случи веднага; въпреки това, има време и срок за всичко под небето и Бог знае кога е най-подходящият момент. Бог понякога ни кара да чакаме, за да ни даде още по-големи благословии.

Ще получим силата да се молим непрекъснато докато получим отговор ако молим Бог за нещо с истинска вяра, но няма да получим вярата, за да се надяваме истински и няма да получим отговор от Него, независимо колко се молим, ако правим това с мисълта за плътски желания.

Яков 4:2-3 гласи: *„Пожелавате, но нямате; ревнувате и завиждате, но не можете да получите; карате се и се биете; но нямате, защото не просите. Просите и не получавате, защото зле просите, за да пилеете във вашите сладострастия."* Бог няма да ни отговори, когато се молим за нещо, за да задоволим светските ни желания. Родителите не трябва да дават пари на един млад студент, когато ги моли за купуването на забранени неща.

Ето защо не трябва да се молим и да искаме, водени от собствените ни мисли, а да желаем неща според Божията воля със силата на Светия дух (Юда 1:20). Той познава Божието сърце и разбира дълбоката същност на Бога; лесно ще получите Божия отговор на всички желания ако разчитате на ръководството на Светия дух по време на молитва.

Как да разчитаме на ръководството на Светия дух и да се молим според Божията воля?

Първо, трябва да се въоръжим с Божието слово и да го спазваме в живота си, за да може нашето сърце да наподобява сърцето на Исус Христос. Лесно ще получим отговор на всичките ни молитви и ще се молим според Божията воля ако имаме сърце като това на Исус. Светият дух, който познава Божието сърце, ще вижда сърцата ни, за да се молим за онова, от което наистина се нуждаем.

Както гласи Матей 6:33: *„Но първо търсете Неговото царство и Неговата правда; и всичко това ще ви се прибави"*, първо търсете Бог и царството Му и след това се молете за това, от което се нуждаете. Ще изпитате Божиите благословии в живота си, за да имате всичко, от което се нуждате тук на тази земя и дори повече ако се молите според Божията воля.

Ето защо трябва непрекъснато да отправяме истински и сърдечни молитви към Бога. Ще отхвърлите завинаги от сърцето си всякаква алчност или греховна природа и ще получите всичко, което искате в молитвите си, когато натрупвате мощни молитви с ръководството на Светия дух на ежедневна основа.

Апостол Павел бил гражданин на Римската империя и се обучавал под ръководството на Гамалил, най-добрият и най-известният учен за времето си. Въпреки това, Павел не се интересувал от нещата на този свят. В името на Христос, той считал всичко, което имал, за незначително. Подобно на Павел, нещата, които трябва да желаем и да обичаме са ученията на Исус Христос или словото на истината.

За какво ще ни послужи ако спечелим цялото богатство на света, почести, могъщество и т.н. и нямаме вечен живот?

Бог със сигурност ще ни благослови, за да просперира душата ни ако се отречем от всички богатства на този свят и живеем според Божията воля подобно на апостол Павел. Ще бъдем наречени „велики" на небето и ще успеем във всички области на живота ни и тук на земята.

Затова се моля да отхвърлите всякаква алчност или ненаситност от сърцето и живота си, докато усилено се стремите да се задоволявате с това, което вече имате и запазвате надеждата си за небето. Знам, че тогава винаги ще водите живот, изпълнен с благодарност и с радост.

Глава 12

„Законът да издържим с Бог"

Притчи 8:17

„Аз обичам онези, които ме обичат, и онези, които ме търсят ревностно, ще ме намерят."

В Матей, глава 22, има сцена, в която един от Фарисеите пита Исус коя е най-голямата заповед в закона.

Исус отговорил: „*'Да възлюбиш Господа, твоя Бог, с цялото си сърце, с цялата си душа и с всичкия си ум.' Това е най-голямата и първа заповед. А втора, подобна на нея, е тази: 'Да възлюбиш ближния си, както себе си.' На тези две заповеди се крепят целият закон и пророците"* (Матей 22:37-40).

Това означава, че лесно ще спазваме и другите заповеди ако обичаме Бог с цялото си сърце, с цялата си душа и с всичкия си ум и ако обичаме ближните си като нас самите.

Как ще извършим грехове, които Бог мрази ако истински Го обичаме? Как ще действаме лошо с ближните ни, ако ги обичаме като нас самите?

Защо Бог ни дал Неговите заповеди

Защо Бог си направил труда да ни даде всяка от Десетте заповеди вместо да каже: „Обичай твоя Бог и обичай ближния си като теб самия"?

В епохата на Стария завет, преди ерата на Светия дух, за хората било трудно да обичат истински от все сърце и по собствена воля. Ето защо, чрез Десетте заповеди, които дали на израелтяните достатъчно поводи да Му се подчиняват, Бог ги ръководил да Го обичат и да се страхуват от Него, както и да обичат ближните чрез делата си.

Дотук разгледахме подробно всяка заповед по отделно, нека сега разгледаме заповедите в две главни групи: любов към Бога и любов към ближните ни.

Заповедите от 1 до 4 могат да се резюмират, както следва: „Да възлюбиш Господа, твоя Бог, с цялото си сърце, с цялата си душа и с всичкия си ум." Да служиш само на Създателя Бог, да не правиш фалшиви идоли или да ги почиташ, да внимаваш да не злоупотребяваш с Божието име и да спазваш свещен съботния ден, всичко това са начини да обичаш Бога.

Заповедите от 5 до 10 могат да се резюмират, както следва: „Да възлюбиш ближния си, както себе си." Да почиташ своите родители, да не убиваш, да не крадеш, да не лъжесвидетелстваш против ближния си, да не бъдеш алчен и т.н., всичко това са начини да не вършим злини спрямо другите или ближните ни. Ако обичаме ближните си като нас самите, няма да искаме да изпитват болка и ще можем да спазваме тези заповеди.

Трябва да обичаме Бога от все сърце

Бог не ни принуждава да спазваме Неговите заповеди. Той ни води да ги спазваме от любов към Него.

В Римляни 5:8 е записано: *"Но Бог препоръчва Своята любов към нас в това, че когато още бяхме грешници, Христос умря за нас."* Бог първи показал Своята голяма любов към нас.

Трудно е да намерим някой, който е готов да умре на мястото на добър, праведен човек или близък приятел, но Бог изпратил Своя един и единствен Син Исус да умре на мястото на грешниците, за да ги освободи от проклятието, на което били обречени според Закона. Ето защо Бог показал любов, която превишавала справедливостта.

Както е записано в Римляни 5:5: *"А надеждата не посрамва, защото Божията любов е изляна в сърцата ни чрез дадения ни Свят Дух."* Бог отдава Светия дух като подарък на всички Свои деца, които приемат Исус Христос, за да разберат добре Божията любов.

Ето защо, хората, които са спасени с вяра и са покръстени чрез водата и Светия дух, могат да обичат Бога не само с разума си, но и истински от все сърце и да спазват Неговите заповеди, водени от истинска любов към Него.

Първоначалната воля на Бога

В началото, Бог създал хората, защото искал да има истински деца, които да обича и които да Го обичат в замяна според своята свободна воля. Как бихме казали, че един човек е истинско дете на Бога ако спазва всички Негови заповеди, но не Го обича?

Наетият служител, който работи за надница, няма право да наследи бизнеса на своя работодател, но детето на работодателя, който няма нищо общо с работника, наследява бизнеса. По същия начин, хората, които спазват Божиите заповеди получават всички обещани от Него благословии, но не могат да бъдат истински деца на Бога ако не разбират Божията любов.

Хората, които разбират Божията любов и спазват Неговите заповеди, наследяват небето и обитават най-красивата му част като истински деца на Бога. Близо до Бащата, те винаги ще живеят в слава, светла като слънцето.

Бог иска всички хора, които са получили спасение чрез кръвта на Исус Христос и които Го обичат от все сърце, да живеят с Него в Новия Ерусалим, където е тронът Му и да споделят любовта Му във вечността. Ето защо Исус казал в Матей 5:17: *„Да не мислите, че съм дошъл да разруша закона или пророците? Не съм дошъл да разруша, но да* *изпълня."*

Доказателство за голямата ни любов към Бога

Ще изпълним Закона чрез любовта, която изпитваме към Господ едва, когато разберем истинската причина за отдадените от Бога десет заповеди. Благодарение на заповедите или закона, ще покажем физически „любовта", която е абстрактно понятие и трудно видима с човешко око.

Как би могъл Богът на любовта да потвърди твърдението: „Господи, обичам те от все сърце, затова, моля те да ме благословиш", ако няма критерии, с които да го сравни, преди да направи благословиите? Можем да видим дали човек наистина обича Бога от все сърце по установени критерии, каквито са заповедите на Закона. Човек не обича истински Бога ако твърди това, но не спазва свещен Съботния ден, както Бог ни е заповядал.

Божиите заповеди са критерии, с които да проверим или да докажем колко много обичаме Бога.

Ето защо в 1 Йоаново 5:3 е записано: „*Защото това е любов към Бога: да пазим Неговите заповеди; а заповедите Му не са тежки."*

Обичам тези, които ме обичат

Благословиите, които получаваме от Бога в резултат на спазването на Неговите заповеди, не изчезват и не избледняват.

Какво се случило с Данаил, който задоволил Бога, защото притежавал истинска вяра и никога не се сприятелил със света?

Данаил произлизал от рода на Юда и бил потомък на царското семейство, но когато хората от Южна Юдея съгрешили пред Бога, Вавилонският цар Навуходоносор завладял за първи път нацията през 605 преди Христа. По това време, Данаил, който бил много млад, бил взет за пленник във Вавилон.

В съответствие с царската политиката за културна асимилация, Данаил и още няколко млади мъже пленници, били избрани да живеят в двореца на Навуходоносор и в продължение на няколко години получавали халдейско образование.

По това време Данаил отказал ежедневната порция храна и вино от царя, за да не се оскверни със забранени от Бога храни. Като пленник, той нямал право да отказва избраната от царя храна, но Данаил искал да направи всичко възможно, за да запази чиста вярата си пред Бога.

Бог видял искреното сърце на Данаил и разчувствал сърцето на надзирателя така, че Данаил не трябвало да се храни или да пие храната и виното, избрани от царя.

Данаил стриктно спазвал Божиите заповеди и с течение на времето се издигнал на длъжността първи министър на нееврейската Вавилонска нация. Данаил притежавал непоклатима вяра, която не му позволявала да се сприятелява със света и Бог бил доволен от него. Ето защо, Данаил останал съвършен във всичко и продължил да получава Божията любов, въпреки смяната на царете и нациите.

Хората, които ме търсят, ще ме намерят

Можем да видим тази благословия и в днешно време. Бог благославя с многобройни благословии хората, които вярват като Данаил, не се сприятеляват със света и спазват Божиите заповеди с радост.

Преди около десет години, един от нашите старши пастори работеше за една от най-големите финансови фирми в страната. С цел да задържи клиентите си, фирмата редовно организираше тържества и събиранията за голф през уикендите бяха задължителни. Нашият старши пастор тогава зае длъжността дякон, разбра истински Божията любов и въпреки светските практики на фирмата, той никога не пиеше със своите клиенти и не пропускаше неделните боготворителни служби.

Главният директор на фирмата го накара да избира: „Избери между тази фирма или твоята църква." Дяконът е сериозен човек и отговори без да се замисля: „Тази фирма е важна за мен, но ако ме карате да избера между нея и църквата ми, ще избера църквата."

По чудо, Бог разчувства сърцето на директора и той прояви по-голямо доверие в него като го повиши в длъжност. С това не завърши всичко и след множество повишения, старши пасторът стана директор на фирмата!

Бог ни издига, за да успеем във всички начинания и ни благославя във всички области на живота, когато Го обичаме и се стараем да спазваме Неговите заповеди.

За разлика от законите, съставени от обществото, словото, обещано от Бога не се променя с времето. Независимо в каква епоха живеем и независимо кои сме ние, достатъчно е да се подчиняваме и да живеем според словото Му, за да получим обещаните благословии от Бога.

Законът да се подчиняваме на Бога

Десетте заповеди или Законът, който Бог дал на Моисей, ни показват начините за получаване на Божията любов и благословии.

Както е записано в Притчи 8:17: *"Аз обичам онези, които ме обичат, и онези, които ме търсят ревностно, ще ме намерят"*, ще получим Божията любов и благословии според степента в която спазваме Божиите закони.

Исус казал в Йоан 14:21: *"Който има Моите заповеди и ги пази, той Ме обича; а който Ме обича, ще бъде възлюбен от Моя Отец и Аз ще го възлюбя, и ще му се явя лично."*

Изглеждат ли Божиите закони тежки или пресилени? Можем да ги спазваме ако истински обичаме Бога от все сърце. Трябва да ги изпълняваме ако наричаме себе си деца на Бога.

Това е начинът да получим Божията любов, начинът да бъдем с Него, да Го срещнем и да получим Неговите отговори на молитвите ни. На първо място, Неговият закон ни предпазва от греха и ни води по пътя към спасението, затова е голяма благословия!

Праотци на вярата като Авраам, Данаил и Йосиф спазвали стриктно Божия закон и били благословени да се издигнат високо над нациите. Те получили благословии на влизане и на излизане. Не само се радвали на подобни благословии във всички области на живота им, но дори на небето, получили благословиите да получат слава, светла като слънцето.

Моля се в името на нашия Господ непрекъснато да бдите за Божието слово, да се подчинявате с радост на закона на ГОСПОД, да медитирате над него ден и нощ и изцяло да го спазвате.

„Виж колко обичам аз Твоите заповеди;
съживи ме, Господи, според милосърдието Си.
Много мир имат онези, които обичат Твоя закон,
и за тях няма препятствия, за да се препъват.
Надявах се на Твоето спасение, Господи,
и изпълнявах Твоите заповеди.
Езикът ми ще пее за словото Ти,
защото всички Твои заповеди са правда"
(Псалми 119:159, 165, 166, 172).

Авторът:
Д-р Джейрок Лий

Д-р Джерок Лий е роден в Муан, провинция Джионам, република Корея, през 1943 година. На двадесет години д-р Лий започва да страда от различни нелечими болести и в продължение на седем години живее в очакване на смъртта, без надежда за оздравяване. Един ден, през пролетта на 1974 г., сестра му го завежда в една църква и когато той коленичи да се помоли, живият Бог незабавно го изцелява от всички болести.

От момента в който д-р Лий опознава живия Бог чрез това прекрасно преживяване, той започва да Го обича с цялото си сърце и душа и през 1978 година е призован да стане Божий служител. Моли се пламенно, за да може ясно да разбере и изпълни Божията воля и да се подчинява безпрекословно на Божието слово. През 1982 г. основава Централната църква Манмин в Сеул, Южна Корея, където започват да се извършват безброй Божии дела, включително чудотворни изцеления.

През 1986 г. д-р Лий е ръкоположен за пастор на годишната среща на Святата корейска църква на Исус, а четири години по-късно, през 1990 г., неговите проповеди започват да се излъчват в Австралия, Русия, Филипините и много други страни чрез далекоизточната радиопредавателна компания, азиатската радиостанция и вашингтонското християнско радио.

Три години по-късно, през 1993 г., Централната църква Манмин е избрана от списание Християнски свят (САЩ) като една от 50-те водещи световни църкви и той получава титлата почетен доктор по богословие от Християнския колеж във Флорида, САЩ. През 1996 г. д-р Лий защитава докторат по християнско духовенство от Теологичната семинария Кингсуей, Айова, САЩ.

От 1993 година д-р Лий заема водещо място в световното християнско духовенство чрез участието си в редица международни инициативи в Лос Анжелис, Балтимор и Ню Йорк (САЩ), Танзания, Аржентина, Уганда, Япония, Пакистан, Кения, Филипините, Хондурас, Индия, Русия, Германия, Перу и Демократична република Конго, а през 2002 г. е обявен за «световен пастор» от главните християнски вестници в Корея благодарение на своето участие в различни международни мисии.

От януари, 2018 г. година паството на Централната църква Манмин наброява над 130 000 члена и 11 000 национални и чуждестранни църковни представителства в целия свят. Досега е изпратила повече от 102 мисионери във 23 страни, включително в САЩ, Русия, Германия, Канада, Япония, Китай, Франция, Индия, Кения и много други.

Досега д-р Лий е написал 110 книги, включително бестселърите „Опитване на Вечния Живот преди Смъртта", „Моят Живот, Моята Вяра I и II", „Посланието на Кръста", „Мярката на Вярата", „Небето I и II", „Адът" и „Божията Сила". Книгите му са преведени на повече от 76 езика.

Неговите християнски статии са публикувани в The Hankook Ilbo, The Chosun Ilbo, The JoongAng Daily, The Dong-A Ilbo, The Seoul Shinmun, The Kyunghyang Shinmun, The Korea Economic Daily, The Shisa News и The Christian Press.

Понастоящем Д-р Лий е ръководител на редица мисионерски организации и асоциации. Той е председател на Обединената света църква на Исус Христос, постоянен президент на Световната християнска асоциация за изцеление, основател и председател на съвета на Глобалната християнска мрежа (GCN), основател и председател на съвета на Световната мрежа на християнските лекари (WCDN) и основател и председател на съвета на Международната семинария Манмин (MIS).

Otros libros poderosos del mismo autor:

Cielo I & II

Una descripción detallada del maravilloso y vívido ambiente que los ciudadanos del Cielo disfrutarán en los cinco niveles del Reino de los Cielos, además de una hermosa descripción de cada uno de ellos.

El Mensaje de la Cruz

Un poderoso mensaje de avivamiento para todos aquellos que están espiritualmente adormecidos. En este libro encontrará la razón por la que Jesús es el único Salvador y es el verdadero amor de Dios.

Infierno

Un sincero y ferviente mensaje de Dios para toda la humanidad. ¡Dios desea que ningún alma caiga en las profundidades del infierno! Usted descubrirá una descripción nunca antes revelada de la cruel realidad del Hades y del Infierno.

Espíritu, Alma y Cuerpo I & II

Una guía que otorga comprensión espiritual del espíritu, el alma y el cuerpo y ayuda a descubrir el tipo de 'persona' que hemos llegado a ser, para que podamos obtener el poder para derrotar a las tinieblas y convertirnos en personas del espíritu.

La Medida de Fe

¿Qué tipo de lugar celestial y qué tipo de corona y recompensas están preparadas para usted en el Cielo? Este libro proporciona la sabiduría y guía para que usted mida su fe y cultive una fe mejor y más madura.

¡Despierta Israel!

¿Por qué ha mantenido Dios sus ojos sobre el pueblo de Israel desde el principio del mundo hasta hoy? ¿Qué tipo de providencia ha preparado Dios para Israel en los últimos días mientras esperan al Mesías?

Mi Vida, Mi Fe I & II

La autobiografía del Dr. Jaerock Lee proporciona un fragante aroma espiritual a los lectores a través de su vida extraída del amor de Dios que brotó en medio de olas oscuras, un yugo frío y la mayor desesperación.

El Poder de Dios

Un libro que toda persona debe leer, ya que sirve como una guía esencial por medio de la cual podemos llegar a poseer fe verdadera, además de experimentar el maravilloso poder de Dios.

www.urimbooks.com

www.ingramcontent.com/pod-product-compliance
Lightning Source LLC
LaVergne TN
LVHW041806060526
838201LV00046B/1147